영화, 구원의 찬란한 완성

Glorification: An Introduction
by Graham A. Cole

Copyright ⓒ 2022 by Graham A. Cole
Published by Crossway, a publishing ministry of Good News Publishers
Wheaton, Illinois 60187, U.S.A.

This Korean edition ⓒ 2025 by Word of Life Press, Seoul, Republic of Korea.
Published by arrangement with Crossway through rMaeng2, Seoul, Republic of Korea.
All rights reserved.

이 한국어판 저작권은 알맹2를 통하여 Crossway와 독점 계약한 생명의말씀사에 있습니다.
신저작권법에 의하여 한국 내에서 보호받는 저작물이므로 무단 전재와 무단 복제를 금합니다.

영화, 구원의 찬란한 완성

ⓒ 생명의말씀사 2025

2025년 7월 23일 1판 1쇄 발행

펴낸이 | 김창영
펴낸곳 | 생명의말씀사

등록 | 1962. 1. 10. No.300-1962-1
주소 | 서울시 종로구 경희궁1길 6 (03176)
전화 | 02)738-6555(본사) · 02)3159-7979(영업)
팩스 | 02)739-3824(본사) · 080-022-8585(영업)

기획편집 | 박경순
디자인 | 조현진
인쇄 | 영진문원
제본 | 다온바인텍

ISBN 978-89-04-03191-7 (03230)

저작권자의 허락 없이 이 책의 일부 또는 전체를
무단 복제, 전재, 발췌하면 저작권법에 의해 처벌을 받습니다.

영화, 구원의 찬란한 완성

Glorification

그레이엄 A. 콜 지음 | 전의우 옮김

생명의말씀사

추천의 말

『영화, 구원의 찬란한 완성』은 단단히 성경적이고, 신학적으로 예리하다. 쉽게 읽을 수 있고, 초점이 분명하며, 간결하고 폭이 넓다. 그레이엄 콜은 새내기 학생의 신학 지평을 넓혀줄 뿐 아니라 베테랑 목회자의 설교적 상상력에 불을 댕긴다. 콜은 진정한 목회자요 신학자로서 하나님의 말씀을 겸손히 의지하고, 성경과 신학에 정통하며, 우리가 하나님의 영광을 알기를 간절히 바란다.

더글러스 웹스터(Douglas Webster)
샘퍼드 대학교 비슨 신학교 목회학 교수

이 귀한 시리즈의 목표는 단순하되 지나치게 단순하지 않은 것이다. 그레이엄 콜의 『영화, 구원의 찬란한 완성』은 이 목표를 분명하게 성취한다. 관련된 여러 주제를 예리한 전통 교리의 맥락에서 설득력 있게 논하며, 신자들의 영화를 하나님의 영광, 창조 세계의 영광, 미래의 우주적 영광이라는 더 넓은 맥락에서 살펴본다. 적극 추천한다.

피터 애덤(Peter Adam)
세인트 주드 칼턴 성공회교회 원로 사제,
멜버른 리들리 칼리지 전 총장

옛 속담에 "어떤 사람들은 마음이 온통 천국에 있어 땅에서 아무 쓸모가 없다"는 말이 있다. 그러나 오늘날 대다수 그리스도인은 마음이 온통 땅에 있어 천국에서 아무 쓸모가 없어 보인다. 이 상쾌한 책에서, 그레이엄 콜은 그분 자신을 영화롭게 하려는 하나님의 웅장한 계획을 능숙하게 들려주고, 우리의 제일 되는 목적은 하나님을 영화롭게 하고 그분을 영원히 기뻐하는 것임을 일깨움으로써 이렇듯 천국이 흐릿해지는 현상을 극복한다.

벤 미첼(C. Ben Mitchell)
유니언 대학교 도덕철학 그레이브스 명예교수

성경의 줄거리는 여러 각도에서 살펴볼 수 있다. 그레이엄 콜은 이 눈부신 책에서 옆으로 밀려나 있던 주제인 하나님의 영광을 다룬다. 『영화, 구원의 찬란한 완성』은 놀랍도록 포괄적이며 삼위일체, 인간, 구원, 성화, 종말론을 비롯한 여러 핵심 교리를 하나로 묶는다. 성경의 하나님은 영화로우시며, 자신의 영광을 지금과 미래에 우리와 나누신다. 깨닫게 하고 교훈을 주며 용기를 북돋우는 책이다.

브라이언 로즈너(Brian S. Rosner)
멜버른 리들리 칼리지 총장

그레이엄 콜은 영화 교리를 아주 훌륭하게 소개한다. 각 장은 성경에 근거하며, 고대와 현대의 핵심 사상가들의 견해를 소개한다. 콜이 하나님이 그분의 백성을 위해 세우고 또 실행하시는 지혜롭고 영화로운 계획을 소개하며 독자들을 북돋울 때, 우리는 영화의 개인적 측면과 집단적 측면과 우주적 측면을 진지하게 마주하게 된다.

데이비드 도커리(David S. Dockery)
사우스웨스턴 침례신학교 석좌 교수, 국제 기독교 교육 연맹 총재

뛰어난 신학자 그레이엄 콜은 영화라는 성경 교리를 간결하면서도 깊이 있게 제시한다. 우리에게 절실히 필요한 개괄이다. 모든 곳의 하나님 백성에게 이 책을 기꺼이 추천한다.

티머시 조지(Timothy George)
샘퍼드 대학교 비슨 신학교 신학 석좌교수

그레이엄 콜은 한쪽으로 밀려나 있으나 성경이 말하는 매우 소중한 주제인 영화로 우리를 안내한다. 그분의 형상을 갖도록 우리를 창조하신 영화로운 하나님이 우리를 구원하고, 우리를 그리스도와 연합시키며, 우리가 그리스도의 형상을 닮게 하고, 자신의 영광을 우리와 나누기까지 하신다. 『영화, 구원의 찬란한 완성』을 읽으면 우리의 신학이 깊어질 뿐 아니라 우리의 영화로운 하나님과 그분이 우리에게 주신 선물을, 특히 우리의 영화로운 목적과 우리의 영화로운 정체성과 우리의 영화로운 미래를 기뻐하지 않을 수 없게 된다.

크리스토퍼 모건(Christopher W. Morgan)
캘리포니아 침례대학교 기독교학부 학장 겸 신학 교수

영화는 단지 많은 성경 주제 가운데 하나가 아니다. 그레이엄 콜이 설득력 있게 논증하듯이, 영화는 성경 이야기 전체를 한 단어로 요약한 것이다. 창조자 하나님은 세상의 기초가 놓이기 전 세우신 건축 프로젝트를 그리스도 안에서 완성하기 시작하셨고, 성령을 통해 완성해 가신다. 그 프로젝트란 하나님 자신의 영광이 투영된 우주와 인간의 공동체를 창조하는 것이다. 왜 아무것도 존재하지 않는 것이 아니라 무엇인가가 존재하는가? 하나님의 위대하심을 전하기 위해서다. 이것이 바로 그리스도를 닮은 소명이며, 구속받은 자들이 이미 참여하고 있고, 계속해서 참여하길 바라는 것이다. 영화롭도다!

케빈 밴후저(Kevin Vanhoozer)
트리니티 신학교 조직신학 연구교수

영화라는 놀랍고 아름다운 진리에 관한 글을 쓴 복음주의자들 사이에 간극이 있었다. 이 탁월한 책은 그 간극을 메운다. 콜은 영화 교리를 하나님의 영광 위에 세움으로써 손가락은 성경 본문을 짚고 눈은 언제나 신자들을 세우는 데 집중한다. 신자들에게 성화는 영화의 시작이고 영화는 성화의 완성이다. 이 빼어난 책에서 저자는 영화에 대한 하나님의 약속이 확실하고 틀림없다는 것을, 우리 안에서 선한 일을 시작하신 주님이 하나님의 영화로운 임재 가운데서 그 일을 완성하시리라는 것을 우리에게 일깨운다.

조지 스트랜드(Gregory C. Strand)
미국 복음주의 자유교회(EFCA) 신학 및 자격 심사 총괄 책임자
트리니티 신학교 목회학 겸임교수

■ **일러두기**
- 이 책은 크로스웨이(Crossway) 출판사가 펴낸 "짧은 조직신학 연구"(Short Studies in Systematic Theology) 시리즈 중 한 권이다. 책에 실린 "시리즈 서문"은 이 시리즈의 서문이다.
- 책에 인용된 성경 본문은 개역개정 성경으로 옮겼으며, 다른 성경으로 옮긴 경우는 표기해 두었다.
- 원문에서 강조를 위해 이탤릭체나 큰따옴표를 사용한 부분은 볼드체나 작은따옴표로 표기했다. 인용을 위해서는 큰따옴표를 사용했다.
- 권말의 주는 지은이 주, 본문 중 *로 표시한 부분은 옮긴이 주다.

차례

추천의 말 4
시리즈 서문 10
들어가며 12

1. 우리의 영화로운 하나님   23

2. 영화로운 하나님의 프로젝트   55

3. 영광에 이르는 길   81

4. 영화, 그 기대   107

5. 누가 영화롭게 되겠는가? 누가 쫓겨나겠는가?   145

나오며 164
더 읽어 볼 자료 168
주 170

시리즈 서문

고대 그리스 사상가 헤라클레이토스가 유명한 말을 남겼다. 생각하는 사람이라면 사물의 본질에 귀 기울여야 한다는 것이다. 조직신학의 전통적 주제를 다루는 신학 연구 시리즈라면 그렇게 해야 한다. 따라서 시리즈의 각 연구에서 신학자는 한 교리의 본질을 다룬다. 이 시리즈의 목적은 기독교 전통과 현대 신학에 부합하는 여러 짧은 신학 연구를 제시해 하나님이 성경에서 다양한 주제에 관해 계시하신 것을 교회가 충실하게 이해하고 사랑하며 가르치고 적용하도록 돕는 것이다. 포괄적 접근에서 놓칠 수도 있는 것을 장 칼뱅이 『로마서 주석』 서문에서 "명쾌한 간결함"이라 부른 것을 통해 얻을 수 있다.

물론 어느 교리든 철저한 연구는 짧지 않고 길어질 것이다. 2천 년 동안 축적된 고백과 토론과 논쟁을 살펴보아야 하기 때문이다. 따라서 짧은 연구는 더욱 선별적이지만 능숙해야 한다. 감사하게도 이 시리즈 기고자들은 간결하면서도 정확할 수 있는 능력을 가졌다. 핵심 목표는 단순하되, 지나치게 단순하지 않은 것이다. 기준은 어떤 주제에 관한 짧은 연구에 그 주제를 더 깊이 연구할 때 수정해야 할 오류가 있지는 않은지 확인하는 것이다. 단순한 것은 확장될 수 있다. 지나치게 단순한 것은 수정되어야 한다. 우리는 편집자로서 이 시리즈가 이 테스트를 통과한다고 믿는다.

구체적 초점은 다르지만 이 시리즈의 각 권은 ① 해당 교리를 소개하고, ② 그 교리를 맥락에 맞게 위치시키고, ③ 그 교리를 성경을 통해 전개하며, ④ 다양한 실마리를 연결하고, ⑤ 그리스도인의 삶에 적용한다. 따라서 우리는 교회가 강력한 성령의 역사를 힘입어 하나님의 생각을 생각함으로써—하나님은 자신의 생각을 자신의 기록된 말씀에 은혜롭게 계시하셨으며, 기록된 하나님의 말씀은 그분의 살아 계신 말씀, 곧 예수 그리스도를 증언한다—삼위일체 하나님을 기뻐하는 데 이 시리즈가 도움이 되길 기도한다.

그레이엄 A. 콜과 오렌 R. 마틴

들어가며

미래를 생각하는 것이 많은 사람에게 힘들 수 있다. 자신을 생각하는 것도 다르지 않다. 내가 결혼할까? 내게 자녀가 있을까? 내 건강이 좋을까? 내가 만족스러운 직장을 구할까? 내게 가장 좋은 것은 다가올 미래일까, 이미 지나간 과거일까? 죽음 이후에 삶이 있을까? 있다면 어떤 것일까?

얼마 전, 밤늦게 전화를 받았다. 최근에 마흔이 된 한 남자였다. 그보다 나이가 약간 많은 친구가 조금 전 심장마비로 죽었다고 했다. 그는 울고 있었다. 고인은 전화를 건 남자의 또래 친구들 중 첫 사망자였다. 그는 슬퍼할 뿐 아니라 자신도 언젠가는 죽을 유한한 존재라는 사실을 마주하고 있었다.

한 사람이 살아가는 사회가 그 사람이 자신의 미래를 어떻게 생각하느냐에 영향을 미칠 수도 있다. 나는 지금껏 호주, 미국, 영국 이렇게 세 나라에서 살았다. 호주와 미국에서는 사람들이 미래를 낙관했으나 영국에서는 사람들이 미래를 비관했다. 내가 부대끼며 살았던 영국인들은 대제국은 이제 사라졌으며 절대로 회복되지 않으리라 생각하는 것 같았다. 즉, 영광스러운 과거는 영원히 지나갔다.

우주의 미래에 관한 과학적 시나리오에 관심 있는 사람들도 최신 이론들에 의기소침할 수 있다. 도래할 세대가 우주의 열죽음(heat death, 우주의 모든 에너지가 균등하게 분포되어 더는 아무런 운동도 일어나지 않아 우주가 사실상 죽은 상태에 이를 것이라는 가설*)이나 대함몰(big crunch, 빅뱅의 반대 개념으로, 언젠가 우주의 팽창이 멈추고 반대로 수축이 일어날 것이라는 가설*)이나 대냉각(big chill, 우주가 끝없이 팽창해 점점 냉각되어 활동이 멈출 것이라는 가설*)을 맞을 것인가? 이러한 현대 과학의 시나리오 가운데 어느 하나가 현실이 된다면 인류는 생존하지 못할 것이다. 한 세기 이상 우주의 열죽음이 일반적으로 최고의 과학으로 여겨졌을 때, 철학자 버트런드 러셀은 여기에 비추어 이렇게 주장했다. "[당시의 과학이 주장했듯이] 오로지 이 진리의 디딤틀 안에, 오로지 굴하지 않는 절망의 견고한 기초 위에 영혼의 거처가 이제부터 안전하게 세워질 수 있다."[1]

그러나 그리스도인에게, 가장 좋은 것은 아직 오지 않았다. 러셀의 말을 조금 비틀면, "[미래에 관해 성경에 계시되어 있듯이] 오로지 이 진리의 디딤틀 안에, 오로지 굴하지 않은 소망의 견고한 기초 위에 영혼의 거처가 이제부터 안전하게 세워질 수 있다." 성경의 증언은 미래에 관한 질문을 세 차원으로 다룬다. 즉, 개인의 미래를 말하고, 교회의 미래를 말하며, 우주의 미래를 말한다.

조직신학에서 종말론(eschatology, 헬라어 *eschata*는 "마지막 것들"을 뜻한다)은 미래의 문제, 곧 우리의 소망을 다룬다. 전통적으로 종말론은 두 부주제로 나뉜다. 개인 종말론은 개인의 미래를 죽음, 심판, 천국 또는 지옥("네 가지 마지막 것들")에 비추어 다룬다.[2] 우주 종말론은 우주의 미래에 관한 개념을 살펴본다. 앞에서 성경의 증언에 비추어 제3의 요소를 고려해야 한다고 했다. 교회는 그리스도의 신부로서 영화로운 미래가 있으며, 따라서 집단적 측면이 있다는 것이다. 이 책의 목적은 개인 종말론의 한 측면, 곧 영화 교리[3]를 성경에 비추어 살펴보는 것이다.[4]

성경적 관점에서, 우리는 영화로운 존재가 될 것이다.[5] 나는 영화 교리를 탐구하면서 영화를 구체적으로 다룬 마지막 복음주의 논문이 1963년에 나온 버나드 램(Bernard Ramm)의 『그들을 영화롭게 하셨느니라: 영화 교리에 대한 조직신학적 연구』라는 것을 알고 놀랐다. 당시에 램은 "이 교리를 조직신학적으로 탐구한 책을 찾을 수 없었다"며 탄식했다.[6] 내가 이 짧은 연구로 채우고 싶은 빈틈이나 간극이 있다. 이렇게 함으로써 집단적·우주적 종말론의 몇몇 측면도 드러날 것이다.

...

1장에서는 신론을 하나님의 영광이란 관점에서 살펴보겠다. 뒤이어 2장에서는 구약성경과 신약성경에 나타난 하나님의 영화로운 본성에 관한 성경의 줄거리와 증언을 살펴보겠다. 여기서 여러 랜드마크가 두드러지게 등장할 것이다: 모세가 시내산에서 경험한 신현(출 33-34장), 이사야 선지자가 본 성전 환상(사 6장), 에스겔 선지자가 바벨론 포로 생활 중에 본 하나님의 전차 환상(겔 1장), 말씀의 성육신(요 1장), 예수님의 변모(막 9장), 바울이 다메섹 가는 길에 부활하신 그리스도를 만남(행 9장), 새 땅에 나타나는 하나님과 어린양의 영광을 묘사하는 종말의 그림(계 21장).

성경이 계시하는 하나님은 영화롭다. 에릭 매스콜(Eric L. Mascall)은 이 계시를 높이 평가한다. "기독교의 하나님이 더없는 영광과 광휘의 하나님이심을 인식할 때에야 사람들이 그분과의 연합을 대대로 강하게, 집중적으로 추구해 온 이유를 이해할 수 있다."[7] 성경의 놀라운 진리는 이 하나님이 자신의 영광을 우리와 나누신다는 것이다.

성경이 계시하는 영화로운 하나님에게는 프로젝트가 있다. 2장에서는 하나님의 이러한 프로젝트를 살펴볼 텐데, 여기에는 하나님의 자녀를 영화롭게 하는 것도 포함된다(히 2:10). 창세기 3장에 묘사된 큰 파열에 비춰 볼 때, 하나님에게는 그분의 형상을 지닌

자들을 되찾아 자신에게로 회복시키려는 계획이 있다. 하나님의 사랑이 이 계획의 동기다. 하나님의 영광이 이 계획의 궁극적 목적이다. 하나님의 형상으로 회복된다는 것은 영화로운 존재가 된다는 것이다.

로마서 8장 30절에 대한 이해가 이 책 2장에서 중요한 부분을 차지한다. 사도 바울은 이렇게 썼다. "하나님이 미리 아신 자들을 또한 그 아들의 형상을 본받게 하기 위하여 미리 정하셨으니 이는 그로 많은 형제 중에서 맏아들이 되게 하려 하심이니라 또 미리 정하신 그들을 또한 부르시고 부르신 그들을 또한 의롭다 하시고 의롭다 하신 그들을 또한 영화롭게 하셨느니라"(롬 8:29-30). 전통적으로 '구속의 황금 사슬'(golden chain of redemption)이라 불리는 이 부분은 그 표현이 암시하듯이 전적으로 구원론에 관한 것이다. 그러나 최근에 신약학자 헤일리 고랜슨 제이컵(Haley Goranson Jacob)은 여기서 바울이 구원을 말하고 있는 것이 아니라 우리가 지금 이곳에서 그리스도와 함께 공동 통치자의 영화로운 역할을 회복하는 것을 말하고 있다고 주장했다. 그녀에 따르면 영화로워지는 것은 구원이 아니라 소명에 관한 것이다. 우리는 그리스도와 연합함으로써 이 소명에 참여한다. 그녀의 주장이 옳은가? 이 주장을 살펴보겠다.

3장에서는 이생에서 경험하는 영화의 문제를 살펴보겠다. 바울이 우리의 길라잡이다. 그는 고린도 신자들에게 쓴 편지에서 성령께서 우리를 한 단계의 영광에서 다른 단계의 영광으로 변화시키신다고 했다(고후 3:18). 이것은 하나님이 모든 일을 다 하시는 수동적 과정인가, 아니면 이 과정에서 우리가 하는 역할이 있는가? 이 과정이 우리의 성화와 어떻게 연결되는가? 이 질문들을 비롯한 여러 질문을 3장에서 다루겠다.

4장에서는 영화에 관한 기대를 살펴보겠다. 소망은 그리스도인의 삶에 더없이 중요하다. 우리의 종말론적 지평은 세상 사람들의 지평과 매우 다르다. 우리의 기대는 새 하늘과 새 땅이다. 신음하는 피조물이 새 하늘과 새 땅을 갈망하고, 이것이 도래할 때 자신들도 하나님의 자녀들이 누릴 영광의 자유에 이르길 갈망한다(롬 8:18-25). 도래할 영광의 영역에 들어가려면 우리 몸이 변화되어야 한다(고전 15:44). 우리의 몸이 그리스도의 영화로운 몸처럼 변해야 한다(빌 3:20-21). 영화로운 몸의 본성을 살펴보고, 그 몸을 언제 받는가 하는 질문도 살펴보겠다. 이 과정에서 집단적·우주적 종말론의 측면들도 드러날 것이다.

4장에서는 누가 영화롭게 되는가? 하는 질문을 다루겠다. C. S. 루이스(Lewis)는 다음과 같이 쓰면서 영광의 소망이 내포하는 의미를 보았다.

신이나 여신일 수도 있는 사람들과 함께 산다는 것, 우리가 말을 걸 수 있는 더없이 우둔하고 재미없는 사람이 어느 날 당신이 지금 본다면 예배하고픈 유혹을 강하게 느낄 피조물이 되거나, 지금은 악몽에서나 만날 법한 오싹한 존재나 타락한 존재가 될 수 있음을 기억하는 것은 보통 일이 아니다. 하루 종일 우리는 서로가

이 두 목적지 가운데 어느 한쪽으로 가도록 얼마간 돕고 있다. 이 엄청난 가능성에 비춰 볼 때 우리는 이에 걸맞은 경외심과 신중함으로 서로를 대해야 하며, 모든 우정과 모든 사랑과 모든 놀이와 모든 정치를 대해야 한다. **평범한** 사람은 없다. 우리가 말을 거는 사람은 결코 필멸의 존재에 불과하지 않다. 나라, 문화, 예술, 문명은 유한하며, 이것들의 수명은 우리의 수명에 비하면 모기나 다름없다. 그러나 우리가 농담을 주고받고, 함께 일하고, 결혼하고, 타박하고, 착취하는 자들은 불멸의 존재다. 불멸의 공포이거나 영원한 광휘다.[8]

그리스도를 믿는 자들만 "영원한 광휘"가 되겠는가? 이런 개념은 세상 사람들을 자극할 만한 배타성을 암시한다.

그렇다면 루이스가 "불멸의 공포"라고 말하는 사람들은 어떻게 되는가? 이것이 무엇을 의미하는지 전통적 견해뿐 아니라 루이스와 톰 라이트(N. T. Wright)의 추측성 제안도 살펴보겠다. 몸을 입은 존재(embodied existence)가 하나님의 앞에서 쫓겨날 때 어떤 모습이겠는가? 흥미로운 질문이다. 그러나 성경에 기초한 확신과 여기에 미치지 못하는 의견과 성경적 증언에 거의 기초하지 않는 추측을 세밀하게 구분해야 한다. 그렇더라도, 마침내 몇몇은 사실로 드러날 것이다.

간략한 결론으로 이 연구를 마무리 짓고, 더 깊이 연구하고 싶은 독자들을 위해 더 읽어 볼 자료도 제시하겠다.

1

우리의 영화로운 하나님

1장에서는 하나님의 영광을 살펴보겠다. 그러면서 하나님의 영화로운 본성에 관한 성경의 증언, 곧 구약성경과 신약성경에 계시된 증언을 살펴보겠다. 더 깊이 파고들기 위해 영광을 다루는 성경 구절에 초점을 맞추고, 뒤이어 하나님의 영광과 그분의 속성에 관한 흥미로운 질문으로 넘어가겠다. 하나님의 영광을 살펴보는 것은 영화를 다루는 이 책에 적절하다. 고린도후서 3장 18절에 따르면, 우리는 한 단계의 영광에서 다른 단계의 영광으로 변화되면서 하나님의 영광을 부닝해야[1] 하기 때문이다.

영광의 개념

우리는 단어와 단어 사용법을 통해 개념에 접근한다. 레슬리 앨런(Leslie C. Allen)에 따르면, "세속적 쓰임새에서 '영광'에 해당하는 히브리어 단어[kabod, 카보드]는 … 일차적으로 '무게'를 의미하며, 이사야 22장 24절에서 보듯이 본질적인 것을 가리킨다." 거기서 이사야는 하나님이 힐기야의 아들 엘리아김을 새 왕으로 어떻게 높이실지 말한다. "그의 아버지 집의 모든 영광[카보드]이 그 위에 걸리리니 그 후손과 족속 되는 각 작은 그릇 곧 종지로부터 모든 항아리까지니라." 레슬리 앨런은 이 이사야 문맥에서 "이 단어는 위대함이나 부유함이나 권력과 타인들의 인정을 포함한 사회적 지위에서 비롯된 존귀와 명예를 내포한다"고 했는데,[2] 그의 주장이 옳다. 흥미롭게도 구약성경에서 **카보드**는 매우 인간적인 문맥에서 처음 사용된다. 야곱은 라반의 아들들이 자신의 행동을 비난하는 소리를 듣는다. 창세기 31장 1절은 이렇게 말한다. "야곱이 우리 아버지의 소유를 다 빼앗고 우리 아버지의 소유로 말미암아 이 모든 재물[카보드]을 모았다."

 '주의 영광'에서처럼, 하나님에게 사용될 때 카보드는 하나님의 위엄, 무게, 심지어 아름다움을 나타내는 거의 전문적인 표현이 된다.[3] 헬라어 구약성경(70인역, 또는 LXX)에서, 영광을 뜻하는 히브리어 단어를 번역하는 데 사용된 단어(*doxa*, 독사)는 존귀와 평판과 찬양이란 개념을 강조했다.⁴ 헤일리 고랜슨 제이컵이 70인역에 비추어 주장하듯이, 영광은 하나님의 왕권과 연결된다. "하나님의 영광은 일반적으로 왕이신 그분의 지위나 신분과 연결된다."⁵ 성경 저작들에서 다양한 현상이 하나님의 영광과 연결된다: 비추는 빛(민 6:25), 천둥과 밝음과 불과 아름다움(출 24:16-17; 시 29:3), 구름(막 14:62).⁶ 신약성경 저자들도 하나님의 영광을 말할 때 일반적으로 **독사**라는 단어를 사용했다.⁷ 구약성경과 신약성경 양쪽 모두에서, 이 영광은 리처드 보컴(Richard Bauckham)이 지적하듯이 "가시적 광휘"(visible splendor)다.⁸

J. I. 패커(Packer)는 하나님의 계획을 다룬 고전적 논문에서 구약성경의 요점을 잘 파악한다. "따라서 '영광'(glory)이란 용어는 하나님이 찬양받기에 합당하시다는 생각과 그분을 찬양해야 한다는 생각을 연결한다. 다시 말해, 하나님의 **능력**과 임재의 계시가 갖는 위엄, 즉 종교의 근원에 관한 생각과, 하나님이 우리 앞에 서 계시고 우리가 하나님 앞에 서 있음을 깨달을 때 보여야 하는 올바른 반응인 예배에 관한 생각을 연결한다."⁹

우리 시대의 어법으로 말하면, 영광의 개념은 영광에 대한 성경의 이해와 얼마간 중첩된다. 어떤 선수가 금메달을 딸 때 뉴스 해설자들이 올림픽의 영광에 대해 말한다. 그런가 하면 학문적 영광을 추구하는 사람들에 대해서도 읽는다. 이 개념은 영예, 명성, 칭송, 인정의 개념이다. 이러한 성취는 영광을 안기며, 사람들은 당연히 이 성취를 인정한다. 그렇기에 우리는 올림픽 선수들을 칭송하고 졸업생 대표들에게 장학금을 수여한다.

핵심 구절들

구속사에서 하나님의 영광과 관련된 본문 및 의미 있는 순간을 모두 살펴보려면 책 한 권을 따로 써야 할 것이다. 우리의 목적에 맞게 몇몇 핵심 구절, 핵심 사건, 핵심 제도, 핵심 인물을 살펴보겠다.[10] 여기에는 다음과 같은 것이 포함된다: 하나님의 영광을 찬양함(시 19편), 하나님의 영광과 우리의 영광(시 8편), 하나님이 바로 군대에 승리하심(출 15장), 시내산에서 일어난 신현(출 24:15-17, 33-34; 40:34-35), 성전에서 일어난 신현(사 6장), 그룹들(cherubim)이 끄는 전차(겔 1장), 성육신(요 1장), 예수님의 변형(막 9장; 벧후 1장), 바울이 다메섹 가는 길에 부활하신 그리스도를 만남(행 9장), 정경의 마지막 책에 나타나는 최종적인 종말론적 그림(계 21장).

창조 세계

시편 19편에서 시편 기자는 영광의 하나님을 예배한다. 창조 세계의 모든 아름다움이 하나님의 영광을 말하기 때문이다.

하늘이 하나님의 영광을 선포하고
　궁창이 그의 손으로 하신 일을 나타내는도다
날은 날에게 말하고
　밤은 밤에게 지식을 전하니(시 19:1-2)

시편 기자에게, 첫째 증거는 장엄한 태양이다.

해는 그의 신방에서 나오는 신랑과 같고
　그의 길을 달리기 기뻐하는 장사 같아서
하늘 이 끝에서 나와서
　하늘 저 끝까지 운행함이여
　그의 열기에서 피할 자가 없도다(시 19:5-6)

트럼퍼 롱맨(Tremper Longman)은 이렇게 주석한다.

하늘(heavens)의 실제적 광대함이나 해와 달과 별들의 크기를 알지 못했던 고대인들에게도, 하늘(skies)은 초월에 대한 의식, 자신들 위에 누군가가 있다는 의식을 심어 주었다. 오늘날에도, 현대 과학의 모든 설명과 해석에도 불구하고 하나님이 지으신 믿을 수 없는 창조 세계에 우리의 마음이 깜짝 놀라는 일이 드물지 않다.[11]

고대인들은 망원경이 없었다. 따라서 맨눈으로 볼 때 태양이 가장 큰 천체였고, 그러므로 태양은 하나님의 영광을 강조하기에 적합한 대상이었다.[12]

인류

시편 8편은 창세기 1장이 투영된 노래로 보인다. 이 시편은 하나님의 아름다움(majesty, 위엄)으로 시작하고 끝난다(시 8:1, 9). 단락의 시작과 끝에 동일한 단어가 배치되는 것을 문학 용어로 '인클루시오'(inclusio)라고 하며, 이를 통해 이 시편이 무엇에 관한 것인지 알 수 있다. 다시 말해, 이 시편은 하나님의 아름다움(위엄)에 관한 것이다.

여호와 우리 주여
　주의 이름이 온 땅에 어찌 그리 아름다운지요

그렇더라도 시편 기자는 하나님의 영광을 놓치지 않는다. "주의 영광이 하늘을 덮었나이다"(시 8:1). 하늘과 달의 웅장함이 인류를 너무나 하찮게 만드는 것으로 보인다(시 8:3-4). 그렇다면 왜 영광의 하나님이 이러한 피조물을 돌보시는가? 그 대답은 하나님이 사람에게 왕의 역할을 맡기셨다는 데 있다.

> 그를 하나님(the heavenly beings)보다 조금 못하게 하시고
>   영화와 존귀로 관을 씌우셨나이다
> 주의 손으로 만드신 것을 다스리게 하시고
>   만물을 그의 발 아래 두셨으니(시 8:5-6)

사람의 지배 영역은 하늘과 땅과 바다뿐 아니라 다음과 같은 것들도 포함한다.

> 곧 모든 소와 양과
>   들짐승이며
> 공중의 새와 바다의 물고기와
>   바닷길에 다니는 것이니이다(시 8:7-8)

창세기 이야기의 메아리가 또렷하다. 창조자가 이 특별한 피조물에게 부여한 가치도 또렷하다. 엘머 마틴스(Elmer Martens)는 이것을 도발적 방식으로 표현한다. "1부터 10 중 한 숫자를 부여하는데 짐승 같은 피조물에는 1을 부여하고 하나님에게는 10을 부여해야 한다면, 저자는 사람을 아주 높이 평가하며, 따라서 사람에게는 8이나 9를 부여해야 한다. 사람과 가장 가까운 대상은 동

물이 아니라 하나님이다."[13]

출애굽

성경이 말하는 하나님의 강력한 행위는 창조 행위만이 아니다. 하나님은 창조할 뿐 아니라 구원하고 심판하신다. 두 모티프 모두 하나님의 백성이 애굽을 탈출하는 이야기에서 나타나는데, 특히 이스라엘을 추격하던 바로의 군대가 패배한 사건을 돌아보며 모세가 부른 노래에서 잘 나타난다.

> 내가 여호와를 찬송하리니 그는 높고 영화로우심이요
>   말과 그 탄 자를 바다에 던지셨음이로다[하나님이 심판하신다]
> 여호와는 나의 힘이요 노래시며
>   나의 구원이시로다[하나님이 구원하신다]
> 그는 나의 하나님이시니 내가 그를 찬송할 것이요
>   내 아버지의 하나님이시니 내가 그를 높이리로다(출 15:1-2)

모세의 질문에서 드러나듯이, 고대 중동에 이 하나님 같은 신이 없었다.

여호와여 신 중에 주와 같은 자가 누구니이까

    주와 같이 거룩함으로 영광스러우며 찬송할 만한 위엄이 있으며

    기이한 일을 행하는 자가 누구니이까(출 15:11)

왕이신 하나님은 오직 한 분뿐이다. "여호와께서 영원무궁 하도록 다스리시도다"(출 15:18). 존 더럼(John I. Durham)이 지적하듯이, "출애굽기 15장의 시는 야웨께서 다른 어떤 신이 그 어떤 때라도 **할 수 없는** 방식으로 그분의 백성과 **함께** 계시고 이들을 **위해** 행동하심을 노래한다."[14]

미리암의 반응에서 이 구약 사건의 중요성이 드러난다. 미리암은 하나님의 구원을 경험한 여인들에게 모세의 노래를 가르친다.

    미리암이 그들에게 화답하여 이르되

        너희는 여호와를 찬송하라 그는 높고 영화로우심이요

        말과 그 탄 자를 바다에 던지셨음이로다(출 15:21)

더글러스 스튜어트(Douglas K. Stuart)는 이렇게 주석한다.

모세는 이 위대한 승리의 노래를 지었고, 미리암은 이제 이 노래를 모든 여인에게 퍼뜨려 모든 가정에서 부르게 했다. 그 결과, 하

나님이 그분의 백성을 바다에서 건지신 이야기를 아브라함의 후손이든 새롭게 이스라엘에 합류한 사람이든(출 12:38) 모든 이스라엘이 암기하게 될 터였다.[15]

출애굽 이야기는 옛 언약의 좋은 소식이었는데, 이것은 예수님의 오심과 십자가와 죽음을 이기심이라는 더 큰 이야기가 그리스도인에게 새 언약의 좋은 소식, 곧 복음인 것과 같다.

시내산 신현

하나님은 시내산에서 그분이 구원한 백성 모두에게 보이셨다. 출애굽기 24장 16-17절이 묘사하듯이, 참으로 놀라운 광경이었다. "여호와의 영광이 시내산 위에 머무르고 구름이 엿새 동안 산을 가리더니 일곱째 날에 여호와께서 구름 가운데서 모세를 부르시니라 산 위의 여호와의 영광이 이스라엘 자손의 눈에 맹렬한 불 같이 보였고." 여기 영광을 드러내는 핵심 요소들이 있다. 하나님의 임재, 구름, 불이다.[16]

약 40년 후, 모세는 백성의 반응을 상기시켰다. "[너희가] 말하되 우리 하나님 여호와께서 그의 영광과 위엄을 우리에게 보이시매 불 가운데에서 나오는 음성을 우리가 들었고 하나님이 사람과 말씀하시되 그 사람이 생존하는 것을 오늘 우리가 보았나이다"(신 5:24). 분명 이스라엘 백성은 이 경험의 중요성을 정확히 평가했고 시내산 경험을 영광의 경험으로 바르게 분류했다.

그러나 모세는 더 많은 것을 원했다. 시내산에서 그는 하나님께 그분의 영광을 보여 주시길 간구했다(출 33:18). 하나님의 대답은 교훈적이다. "여호와께서 이르시되 내가 내 모든 선한 것을 네 앞으로 지나가게 하고 여호와의 이름을 네 앞에 선포하리라 나는 은혜 베풀 자에게 은혜를 베풀고 긍휼히 여길 자에게 긍휼을 베푸느니라"(출 33:19). 내가 다른 곳에서 썼듯이, "모세는 영광을 원했다. 하나님의 위엄을 보길 원했다. 하나님은 대신에, 모세에게 선하심(goodness)을 주셨다. 하나님의 영광은 그분의 힘이 아니라 그분의 선하심에 있으며, 이 선하심이 주권적 은혜와 긍휼로 표현된다."[17]

리처드 보컴은 요한 문헌의 영광을 다룬 책에서 출애굽기 33-34장을 통찰력 있게 주석한다. "이 이야기는 하나님의 영광이 그분의 성품과 그분의 신하심과 그분이 참으로 누구신지에서 나오는 광휘라고 말하는 것으로 보인다."[18]

하나님은 모세의 간구를 뚜렷이 도덕적인 방향으로 바꾸셨다. 하나님의 영광은 날 것 그대로인 하나님의 능력이 아니라 그분의 선하심에 있다. 하나님은 실제로 자신의 영광이 모세를 지나가게 하셨다. 그러나 모세를 바위틈에 숨기셨다. 모세가 하나님의 얼굴을 보았다면 살아남지 못했을 것이다(출 33:20-23). 그렇더라도 이것은 극적인 경험이었고, 그래서 모세는 당연하게도 예배했다.

"모세가 급히 땅에 엎드려 경배하며"(출 34:8).

성막

하나님이 창세기 2-3장에서 에덴동산을 "거니셨다." 여기서 자신의 백성과 함께하려는 하나님의 의지가 드러난다. 그러나 창세기 3장이 비극적으로 보여 주듯이, 죄가 인간과 하나님의 임재를 갈라놓는다. 이제 의문이 생긴다. 어떻게 거룩하신 하나님이 거룩하지 못한 민족과 함께 거하실 수 있는가? 이 질문의 답은 우리의 방식이 아니라 하나님의 방식에 있다. 그래서 하나님은 정교한 성막 설계도를 주신다. 출애굽기 25장 9절은 이렇게 말한다. "무릇 내가 네게 보이는 모양대로 장막을 짓고 기구들도 그 모양을 따라 지을지니라." 성막을 설계도대로 지었고, 그러자 이런 일이 일어났다. "구름이 회막에 덮이고 여호와의 영광이 성막에 충만하매"(출 40:34). R. A. 콜(Cole)은 이렇게 설명한다.

이 장[출 40장]에서, 두 생각이 결합된다. 첫째는 하나님이 그분의 임재를 보여 주는 '영광'의 구름 속에서 내려오심으로써 완결된 역사(work)를 인정하신다는 것이다(참조. 출 33:9). 실제로 하나님은 성막을 완전히 덮고 채우시며, 그래서 이제는 충성된 하나님의 종 모세라도(민 12:7) 감히 성막에 들어가지 못한다(출 40:35). 이와 관련된 두 번째 생각은 이 동일한 구름, 곧 야웨(YHWH)의 임재를 나

타내는 상징이 이스라엘의 광야 생활 내내 밤낮으로 길을 인도했다는 것이다(출 40:36).[19]

거룩하신 하나님이 그분의 백성 가운데 거하러 오셨다.

광야에서 실패하다

출애굽과 시내산 신현에도 불구하고 하나님의 옛 언약 백성은 광야에서 여러 차례 반역했다. 이스라엘 백성이 정탐꾼들의 보고에 보였던 반응이 그 가운데 하나였다. 갈렙과 여호수아를 제외한 모든 정탐꾼의 보고에 따르면, 가나안은 이스라엘이 약속의 땅에 들어가면 파멸을 피하지 못할 땅이었다. 그래서 이스라엘은 자신들이 속박당해 살았던 땅으로 돌아가고 싶어 했다. "이에 서로 말하되 우리가 한 지휘관을 세우고 애굽으로 돌아가자 하매"(민 14:4).

모세는 이스라엘을 위해 중재했고, 하나님이 주신 응답은 자비로웠다. "여호와께서 이르시되 내가 네[모세의] 말대로 사하노라"(민 14:20). 그럼에도 끈질긴 반역에는 결과가 따랐다.

그러나 진실로 내가 살아 있는 것과 여호와의 영광이 온 세계에 충만할 것을 두고 맹세하노니 내 영광과 애굽과 광야에서 행한 내 이적을 보고서도 이같이 열 번이나 나를 시험하고 내 목소리를 청종하지 아니한 그 사람들은 내가 그들의 조상들에게 맹세한 땅을 결단코 보지 못할 것이요 또 나를 멸시하는 사람은 한 사람도 그것을 보지 못하리라(민 14:21-23)

영광이 다가오고 있었으나 광야에서 반역하는 자들은 보지 못할 터였다.[20] 왜 그런가? 이들은 하나님이 행하신 놀라운 일에서 영광을 보았는데도 그 영광을 마음에 받아들이지 않았다. 시편 95편은 이것을 이렇게 요약한다.

너희가 오늘 그의 음성을 듣거든
    너희는 므리바에서와 같이
    또 광야의 맛사에서 지냈던 날과 같이
    너희 마음을 완악하게 하지 말지어다
그 때에 너희 조상들이 내가 행한 일을 보고서도
    나를 시험하고 조사하였도다(시 95:7-9)

고든 웨넘(Gordon J. Wenham)이 말하듯이, "하나님의 용서는 이스라엘이 자신들의 죄에 대해 모든 형벌을 면하리라는 뜻이 아니라 자신들이 당해야 마땅한 완전한 멸절을 당하지 않으리라는 뜻일 뿐이다."[21]

성전 환상

이사야 선지자는 하나님의 영광에 관한 놀라운 환상을 보았다. "웃시야 왕이 죽던 해에 내가 본즉 주께서 높이 들린 보좌에 앉으셨는데 그의 옷자락은 성전에 가득하였고"(사 6:1). 이사야는 신현(theophany)뿐 아니라 천사 현현(angelophany)도 경험했다. "스랍들이 모시고 섰는데 각기 여섯 날개가 있어 그 둘로는 자기의 얼굴을 가리었고 그 둘로는 자기의 발을 가리었고 그 둘로는 날며"(사 6:2).[22] 스랍들(보좌 천사들)은 침묵하지 않았다.

서로 불러 이르되

거룩하다 거룩하다 거룩하다 만군의 여호와여
그의 영광이 온 땅에 충만하도다 하더라(사 6:3)

이사야는 이 환상을 보자 자신이 거룩하신 하나님 앞에서 부정하다는 것을 깨닫는다. "그 때에 내가 말하되 화로다 나여 망하게 되었도다 나는 입술이 부정한 사람이요 나는 입술이 부정한 백성 중에 거주하면서 만군의 여호와이신 왕을 뵈었음이로다 하였더라"(사 6:5). 시내산 신현처럼, 하나님의 영광을 보는 데는 도덕적 측면이 있다.

요한복음은 이사야 6장의 성전 환상과 이사야 53장의 고난받는 종 주제를 하나로 연결해 예수님에게 적용한다. 요한은 이렇게 말한다. "이사야가 이렇게 말한 것은 주의 영광을 보고 주를 가리켜 말한 것이라"(요 12:41). 콜린 크루즈(Colin Kruse)는 이렇게 주석한다.

> 복음서 기자는 예언을 언급하며 "이사야가 이렇게 말한 것은 주의 영광을 보고 주를 가리켜 말한 것이라"고 말한다. 이 암시는 이사야가 성전에서 본 하나님의 환상과 이스라엘에게 그분의 메신저가 되라는 그의 사명에 관한 것이다(사 6:1-13). 복음서 기자는 이사야가 성전에서 본 것은 사실 '예수님의 영광', 곧 선재하신 그리스도의 영광이었다는 것을 암시한다.[23]

이스라엘의 하나님이 성전에 영광으로 임재하심이 예수 그리스도 안에서 최종적으로 성취된다.

에스겔이 본 하나님에 관한 환상들

이사야가 성전에서 환상을 본 지 약 200년 후, 에스겔 선지자도 하나님의 영광에 관한 환상을 보았다(겔 1:1-28). 에스겔 선지자는 바벨론 그발강 가에서 포로 생활을 하고 있었다. G. B. 케어드(Caird)에 따르면,

주전 598년, 에스겔은 환상 중에 그룹들이 끄는 전차를 보았는데, 그 전차의 바퀴는 여러 방향으로 움직였고, 궁창이 그 전차를 덮었으며 그 위에 천상의 광채를 발하는 형상이 좌정해 있었다. 그는 이것을 "여호와의 영광"이라 불렀으며, 이 순간부터 그가 본 환상이 그의 뒤를 이은 모두에게 아주 큰 영향을 미쳐 "광채"가 **카보드**가 내포하는 의미의 일부가 되었다.[24]

이 환상의 설명어(descriptor)들이 아주 놀랍다. 몇몇 예를 들어 보겠다. "폭풍"(겔 1:4), "불"(겔 1:4, 13), "생물"(겔 1:5을 비롯한 여러 곳), "번개"(겔 1:13-14), "수정 같은 궁창의 형상"(겔 1:22), "떠드는 소리"(겔 1:24), "사방 광채"(겔 1:28). 하나님의 전차 보좌와 이것을 움직이는 네 생물에 관한 환상에 선지자가 신체적 반응을 보였다고 말하는 것으로 충분하다. 에스겔 1장 28절은 이렇게 말한다. "이는 여호와의 영광의 형상의 모양이라 내가 보고 엎드려 말씀하시는 이의 음성을 들으니라." 러마 쿠퍼(Lamar E. Cooper)는 예리하게 주석한다.

위험에 처한 인간은 놀라운 하나님의 위엄을 느끼는 감각이 필요하다. 하나님이 역경보다 크시다는 것을 알아야 한다. 하나님은 어려움에 빠진 그분의 백성과 함께하신다. 에스겔과 그가 섬기는 백성 양쪽 다 이것을 알아야 했다. 이들은 하나님의 거룩함과 위

엄에 관한 새로운 환상과 헌신이 필요했다.[25]

하나님은 그분의 눈부신 영광에 관한 새로운 환상을 에스겔에게 주셨다.

에스겔은 하나님의 영광을 잃음에 관한 환상도 들려준다. 바벨론 포로 생활은 유다의 죄 때문이었으며, 예루살렘성과 예루살렘 성전도 어려움을 면할 수 없었다. 사실 예루살렘은 자신의 죄악 때문에 멸망했다.

> 주 여호와께서 이와 같이 이르시되 이것이 곧 예루살렘이라 내가 그를 이방인 가운데에 두어 나라들이 둘러 있게 하였거늘 그가 내 규례를 거슬러서 이방인보다 악을 더 행하며 내 율례도 그리함이 그를 둘러 있는 나라들보다 더하니 이는 그들이 내 규례를 버리고 내 율례를 행하지 아니하였음이니라(겔 5:5-6)

에스겔의 예언에 반역의 곡조가 여러 번 울리고(예를 들어, 겔 12:1-3), 우상 숭배의 곡조도 다르지 않다. 죄가 왕이신 하나님을 거스르는 것일 때 반역(rebellion)은 참으로 적절한 설명어다.

특히 성전이 정죄받는다. 에스겔 선지자는 하나님의 영광이 성전에 임하는 환상을 보았다(겔 8:3-4). 그러나 성전에서 우상 숭배도 놀라운 규모로 이루어진다: "질투의 우상"(겔 8:3), "크게 가

중한 일"(겔 8:6), "모든 우상"(겔 8:10), "담무스를 위하여 애곡하더라"(겔 8:14), "태양에게 예배하더라"(겔 8:16). 쿠퍼는 이 슬픈 이야기를 이렇게 요약한다. "에스겔이 묘사한 예배는 오직 여호와만 예배해야 하는 성소에서 정기적으로 이교도 예배를 드리는 발전된 프로그램이 시행되었음을 암시했다."[26] "질투의 우상"(image of jealousy, 겔 8:3)이란 표현이 특히 흥미롭다. 에스겔 선지자는 이것이 무엇인지 구체적으로 말하지 않는다. 그의 첫 청중과 독자들이 이것이 무엇을 가리키는지 알았기 때문일 것이다. 레슬리 앨런은 이 표현을 다음과 같이 그럴싸하게 설명한다.

그가 이곳에서 보는 "우상"(סמל, 세멜)은, 이 용어가 페니키아(베니게) 비문들에서 사용된 용례에 비춰 볼 때, 신인동형론적 우상(anthropomorphic idol)이다. 의미심장하게도 같은 용어가 역대하 33장 7, 15절에도 나오는데, 페니키아 여신 아세라를 가리키는 것으로 보이며, 성전 경내에 세워진 우상과 관련이 있다(왕하 21:7). 요시야왕이 폐지한 이러한 이교도 예배 의식이 그가 죽은 후 되살아났다면, 이 우상이 다른 곳에도 세워졌을 것이다(McKay, *Religion* 22-23, 93 n. 27). 여기서 이 우상은 수호자로서 중요한 위치를 갖는다. 내러티브의 초점은 야웨를 모욕하는 자로서, 더 문자적으로는 질투(קנא, 카나) 유발자로서 우상이 갖는 종교적 의미에 맞춰진다.[27]

그러므로 이러한 우상 숭배에 답해, 하나님의 영광이 성전을 떠난다. "그 때에 그룹들이 날개를 드는데 바퀴도 그 곁에 있고 이스라엘 하나님의 영광도 그 위에 덮였더니 여호와의 영광이 성읍 가운데에서부터 올라가 성읍 동쪽 산에 머무르고"(겔 11:22-23). 죄에는 결과가 따랐고, 예루살렘은 자신 가운데 거하는 하나님의 영광을 잃었다.

그러나 에스겔 선지자는 하나님의 영광이 돌아오는 미래도 본다. 여호와께서 자신의 백성을 용서하고 회복시키실 것이다. 자신의 백성을 자신의 임재를 잃은 채로 영원히 버려두지 않으실 것이다. 에스겔은 새 성전을 본다. 그는 새 성전의 구조와 내용물과 장식을 아주 자세히 설명한다. 중요하게는, 영광이 돌아온다.

> 그 후에 그가 나를 데리고 문에 이르니 곧 동쪽을 향한 문이라 이스라엘 하나님의 영광이 동쪽에서부터 오는데 하나님의 음성이 많은 물소리 같고 땅은 그 영광으로 말미암아 빛나니 그 모양이 내가 본 환상 곧 전에 성읍을 멸하러 올 때에 보던 환상 같고 그발 강가에서 보던 환상과도 같기로 내가 곧 얼굴을 땅에 대고 엎드렸더니 여호와의 영광이 동문을 통하여 성전으로 들어가고 영이 나를 들어 데리고 안뜰에 들어가시기로 내가 보니 여호와의 영광이 성전에 가득하더라(겔 43:1-5)

레슬리 앨런이 지적하듯이 "이 환상에서, 여호와께서 동문으로 다시 들어오시고 성전을 그분의 영광으로 채우시는 것은(겔 43:1-5; 참조. 7절) 놀라운 반전을 상징한다. 죄가 넘쳐 나고 심판이 정당하게 시행되었던 곳에, 하나님과 그분의 백성이 거룩한 교제를 나누면서 은혜가 넘쳐 날 터였다."[28] 사실 예언이 다음과 같은 선언에서 절정에 이르려면 하나님의 영광이 돌아오는 것이 필수다. "그 날 후로는 그 성읍의 이름을 여호와삼마[여호와께서 거기 계시다]라 하리라"(겔 48:35).

육신이 되신 말씀

요한복음 프롤로그는 영원히 하나님과 함께 계시고 하나님이신 말씀에서 시작하며(요 1:1) 이 말씀이 육신이 되는 데서 절정에 이른다. "말씀이 육신이 되어 우리 가운데 거하시매 우리가 그의 영광을 보니 아버지의 독생자의 영광이요 은혜와 진리가 충만하더라"(요 1:14). 리처드 보컴은 "말씀이 육신이 되어 우리 가운데 거하시매"라는 선언의 의미를 이렇게 설명한다. "이 선언은 하나님의 영광이 성막과 성전에 거했던 것을, 하나님이 그분의 백성이 살아가는 삶의 중심에 은혜롭게 임재하셨던 것을 되울린다. 이제 예수 그리스도의 육신 안에 있는 영광은 하나님이 그분의 백성 가운데 장막을 치고 거하심이다."[29] 본 로버츠(Vaughan Roberts)는 요한복음 1장 14절의 의미를 좀 더 넓게 요약한다.

아담과 하와는 타락하기 전 에덴동산에서 하나님이 자신들과 함께하시는 삶을 누렸다. 또한 하나님은 이스라엘에게 가까이 다가가 성막에서, 후에는 성전에서 그들 가운데 거하셨다. 그러나 예루살렘 성전은 우리가 그리스도 안에서 받을 수 있는 것의 그림자일 뿐이었다. 그리스도는 참성전으로서 우리가 하나님의 임재 속으로 완벽하게 들어갈 수 있는 장소다. 그리스도는 참사람일 뿐 아니라 참하나님이다. 그리스도 안에서 하나님 자신이 우리에게 가까이 다가오셨다.[30]

더욱이 요한이 "은혜와 진리"를 언급한 데서 구약성경의 결정적 계시, 곧 하나님이 자신의 성품을 드러내신 시내산 계시가 되울린다. 하나님은 자비롭고 은혜로우며 언약에 충실하신 분이다(특히, 출 34:6-7).[31]

예수님이 가나의 혼인 잔치에서 물이 포도주가 되게 하실 때 그분의 제자들이 성육하신 말씀의 영광을 보았다. "예수께서 이 첫 표적을 갈릴리 가나에서 행하여 그의 영광을 나타내시매 제자들이 그를 믿으니라"(요 2:11). 그러나 은혜와 진리가 충만한 이 영광이 즉시 분명하지는 않았다. 처음에, 예를 들어 니고데모는 예수님을 단지 "하나님께로부터 오신 선생"으로 보았다(요 3:2). 요한복음 9장 16절에서 보듯이, 예수님에 대한 바리새인들의 평가가 나뉘었다. "바리새인 중에 어떤 사람은 말하되 이 사람이 안식

일을 지키지 아니하니 하나님께로부터 온 자가 아니라 하며 어떤 사람은 말하되 죄인으로서 어떻게 이러한 표적을 행하겠느냐 하여 그들 중에 분쟁이 있었더니." 분명 모든 바리새인이 예수님을 무시한 것은 아니었다. 이번에도 니고데모가 좋은 예다. 요한복음 뒷부분에서 니고데모는 아리마대 요셉과 함께 유대인의 관습대로 예수님을 장사함으로써 그분에 대한 헌신을 보여 주었다(요 19:38-42).

요한복음을 읽으면서 예수님의 영광이 모두에게 다 분명하지는 않았다는 데 놀라서는 안 된다. 요한복음 17장 5절이 실마리를 주는데, 이 부분은 나중에 좀 더 자세히 살펴보겠다. 예수님은 이렇게 기도하셨다. "아버지여 창세 전에 내가 아버지와 함께 가졌던 영화(glory)로써 지금도 아버지와 함께 나를 영화롭게 하옵소서." 분명 예수님은 육신이 되어 종의 형체를 취함으로써 영광을 포기하셨으나 아버지께 돌아가실 때 그 영광을 다시 취하실 터였다.

다음으로 살펴볼 신약성경 구절에서, 예수님의 영광을 덮은 베일이 걷힌다.

변모

예수님의 변모(transfiguration) 기사는 마태복음, 마가복음, 누가복음에서 볼 수 있다. 깜짝 놀랄 사건이다. 예수님은 방금 제자들에게 자신이 곧 십자가에 달려 죽으리라는 것을 알려 주셨다. 마가의 기사는 제자들 중 몇몇이 "죽기 전에 하나님의 나라가 권능으로 임하는 것을 볼" 것이라고 말한다(막 9:1). 복음서에서 하나님의 나라는 하나님의 적극적 통치가 경험되는 영역보다는 주로 그 통치를 가리킨다.32 하나님의 주권이 적극적으로 드러나리라는 것이 예수님이 하신 예언의 핵심으로 보인다.

엿새 후 어느 높은 산에서, 베드로와 야고보와 요한은 자신들의 선생이 변모하는 광경을 보았다(막 9:2). 마가는 그 광경을 이렇게 들려준다. "그 옷이 광채가 나며 세상에서 빨래하는 자가 그렇게 희게 할 수 없을 만큼 매우 희어졌더라 이에 엘리야가 모세와 함께 그들에게 나타나 예수와 더불어 말하거늘"(막 9:3-4).33 마태는 예수님의 "얼굴이 해 같이 빛나며"라고 덧붙인다(마 17:2). 누가는 영광의 견지에서 그림을 확대한다. "베드로와 및 함께 있는 자들이 깊이 졸다가 온전히 깨어나 예수의 영광과 및 함께 선 두 사람[모세와 엘리야]을 보더니"(눅 9:32). 마태와 마가에 따르면, 제자들은 변모한 그리스도의 모습에 심히 두려워했다(마 17:6; 막 9:6).

여러 해 후, 베드로는 동료 신자들에게 편지를 쓰면서 자신의 경험을 되돌아본다. 그는 변모 이야기가 역사적 허구가 아니라 직접 경험에서 비롯되었다는 것을 분명히 한다. "우리 주 예수 그리스도의 능력과 강림하심을 너희에게 알게 한 것이 교묘히 만든 이야기를 따른 것이 아니요 우리는 그의 크신 위엄을 친히 본

자라"(벧후 1:16). 그렇다면 베드로는 그 산에서 예수님에게 일어난 일을 어떻게 이해했을까? 베드로후서 1장 17-18절은 이렇게 말한다. "지극히 큰 영광 중에서 이러한 소리가 그에게 나기를 이는 내 사랑하는 아들이요 내 기뻐하는 자라 하실 때에 그가 하나님 아버지께 존귀와 영광을 받으셨느니라 이 소리는 우리가 그와 함께 거룩한 산에 있을 때에 하늘로부터 난 것을 들은 것이라."

다메섹 가는 길에 일어난 만남

다소의 사울도 이 영광을 경험했으며, 이 사건 때문에 그의 인생이 달라졌고 기독교의 궤적이 달라졌다. 포악했던 사람, 스스로도 인정한 교회 박해자가 사랑에 관해 가장 심오한 글을 남길 이방인의 사도가 될 터였다(참조. 빌 3:6; 딤전 1:13; 고전 13장). 그는 임무를 띠고 다메섹에 가는 길이었다. 사도행전이 이 이야기를 들려준다. "사울이 주의 제자들에 대하여 여전히 위협과 살기가 등등하여 대제사장에게 가서 다메섹 여러 회당에 가져갈 공문을 청하니 이는 만일 그 도를 따르는 사람을 만나면 남녀를 막론하고 결박하여 예루살렘으로 잡아오려 함이라"(행 9:1-2).

그런데 전혀 예상하지 못한 일이 일어났다. "사울이 길을 가다가 다메섹에 가까이 이르더니 홀연히 하늘로부터 빛이 그를 둘러 비추는지라"(행 9:3). 부활한 그리스도께서 사울에게 물으셨다. "[사울이] 땅에 엎드러져 들으매 소리가 있어 이르시되 사울아 사울아 네가 어찌하여 나를 박해하느냐 하시거늘"(행 9:4). 이 빛에 눈이 먼 사울이 되물었고 그 소리가 답했다. "대답하되 주여 누구시니이까 이르시되 나는 네가 박해하는 예수라"(행 9:5).

사도행전에서 두 번 더 사울, 이제 바울은 자신에게 일어난 일을 들려준다. 그는 그 "빛의 광채"를 말하면서 이것이 하늘에서 내려왔다고 말한다(참조. 행 22:11; 26:13). 이 회심 기사들에 '영광'이란 단어는 없지만, 빛과 광채는 바울이 다메섹 가는 길에 부활하신 그리스도를 만났을 때 거기 영광이 임재했음을 우리가 인지하는 데 핵심적 역할을 한다.

모든 곳이 성전이다

요한계시록 21장, 곧 성경의 뒤에서 둘째 장은 놀라운 기대를 제시한다. "또 내가 새 하늘과 새 땅을 보니 처음 하늘과 처음 땅이 없어졌고 바다도 다시 있지 않더라 또 내가 보매 거룩한 성 새 예루살렘이 하나님께로부터 하늘에서 내려오니 그 준비한 것이 신부가 남편을 위하여 단장한 것 같더라"(계 21:1-2).

러셀 무어(Russell Moore)는 미래에 관한 이 계시가 내포하는 신학적 의미를 이렇게 말한다. "복음의 핵심은 우리가 죽어 천국에 간다는 것이 아니다. 대신 천국이 내려와 땅과 온 우주를 변화시키고 새롭게 하리라는 것이다."[34] 아주 흥미롭게도 새 예루살렘은 입방체인데, 성경에서 이 외에 입방체는 성막과 성전의 지성

소뿐이다. 이 풍성한 상징의 신학적 의미는 새 땅 전체가 하나님과 어린양의 영화로운 임재가 넘치는 거룩한 성전 공간이라는 것이다. 그래서 요한은 이렇게 말한다. "성 안에서 내가 성전을 보지 못하였으니 이는 주 하나님 곧 전능하신 이와 및 어린 양이 그 성전이심이라 그 성은 해나 달의 비침이 쓸 데 없으니 이는 하나님의 영광이 비치고 어린 양이 그 등불이 되심이라"(계 21:22-23). 또다시, 우리는 영광과 빛의 관계를 본다.

크리스토퍼 모건(Christopher W. Morgan)은 성경 모든 단락이 하나님의 영광을 말한다고 정확히 지적한다: "율법서, 선지서, 성문서, 복음서, 사도행전, 바울 서신, 일반 서신, 요한계시록"[35](요한 서신들에서만 하나님의 영광 자체가 언급되지 않는다). 이것은 주목할 만하다. 하나님의 영광이란 주제가 구약성경과 신약성경 모두에 넘쳐 난다는 것은 이 주제가 중요하다는 증거다.

흥미로운 질문

하나님의 속성은 일반적으로 두 범주로 분류된다. 비공유적 속성과 공유적 속성이다. 자존성(aseity)은 비공유적 속성이며, 오직 하나님만 자존적(self-existent)이라고 단언된다. 하나님은 자기 밖의 그 무엇이나 그 누구에게도 의존하지 않고 존재하신다. 다른 그 어떤 존재도 자존성이 없다. 오직 하나님만 자기 속에 생명이 있다. 공유적 속성은 하나님에게도 있고 우리에게도 있는 속성이지만, 하나님에게는 우리에게 없는 완전함이 있다. 예를 들어 하나님은 사랑하시고, 우리도 사랑할 수 있으나 불완전하게 사랑할 수 있을 뿐이다.

영광은 하나님의 속성인가? 브루스 밀른(Bruce Milne)은 그렇다고 주장한다. 그는 하나님의 속성을 열거하면서 영광을 맨 먼저 꼽는다. 그는 이렇게 말한다. "하나님의 영광은 하나님이신 그분의 존재, 그분의 신적 위엄, 그분의 순전한 하나님 됨(Godness)에 필수적인 모든 것의 핵심으로 우리를 인도한다."[36] 버나드 램도 영광이 하나님의 속성이라고 주장하지만 밀른과는 다르게 말한다. "그러나 하나님의 영광은 하나님의 지혜처럼 특정 속성이 아니라 하나님의 본성 전체의 속성, 곧 사실상 속성들의 속성이다."[37] 이렇게 과장된 램의 단언에서는 속성들의 미묘한 차이를 볼 수 없으며, 따라서 어떤 사람들은 하나님의 단순성(simplicity, 하나님은 부분들의 연합 또는 속성들의 총합이 아니라 완전히 단일하시다*)과 관련해 의문을 제기할 수 있겠다.

헤르만 바빙크(Herman Bavinck)는 훨씬 조심스럽다. "'주의 영광'은 하나님의 모든 속성과 분리될 수 없도록 연결되고 자연과 은혜에서 나타나는 그분의 자기 계시와도 분리될 수 없도록 연결되는 광휘와 광채다."[38]

1 우리의 영화로운 하나님

크리스토퍼 모건은 영광이 "하나님의 속성들의 요약"을 가리킨다고 주장하는데,[39] 이것은 영광이 하나님의 비공유적 속성과 공유적 속성 양쪽 모두를 그 어떤 방식으로든 요약한다는 뜻이다. 이 주장은 타당하다. 성경의 하나님은 영화롭게 자존하고, 영화롭게 전능하며, 영화롭게 전지(全知)하고, 영화롭게 거룩하며, … 영화롭게 사랑하신다. 하나님의 영광은 미적 측면도 있다. 하나님의 영광은 아름답다. 그러나 버나드 램이 영광과 아름다움을 성경의 증거에 비추어 논하면서 지혜롭게 주장하듯이, "하나님이 아름답다는 것은 성경의 일차적 개념이 아니라 이차적 개념이다. 성경은 일차적으로 하나님의 영광 자체에 초점을 맞추며, 미적 요소는 순전히 이차적이다."[40]

결론

성경의 하나님을 성경 본문에 충실한 여러 방식으로 묘사할 수 있다. 하나님은 온전히 거룩하다. 하나님은 전능하다. 하나님은 온전히 지혜롭다. 하나님은 온전히 선하다. 하나님은 모든 것을 아신다. 살아 계신 하나님은 온전히 영화로운 분이기도 하다. 아버지는 영화롭다. 아들도 영화롭고 성령도 영화롭다. 삼위일체 하나님은 상상할 수 없이 눈부시다. 시내산 신현과 이사야가 성전에서 경험한 신현에서 보듯이, 하나님의 광휘는 도덕적 측면이 있다. '선하심'은 '영광'의 동의어일 수 있다. 그러나 선하심만으로는 하나님의 영광이 무엇인지 다 말할 수 없다. '위엄', '광휘', '무게', '아름다움' 같은 다른 설명어들이 필요하다. '불', '빛', '광채' 같은 은유들도 적절하다.

앞서 살펴본 핵심 구절에서 확인했듯이, 하나님의 광휘는 구약성경과 신약성경 양쪽 모두에서 나타난다. 따라서 영광과 관련해 구약성경과 신약성경 사이에 연속성이 있다. 신약성경에서 두드러진 것은 히브리서가 분명히 한, 유일무이한 그리스도의 영광이다. "이는[그리스도는] 하나님의 영광의 광채시요 그 본체의 형상이시라 그의 능력의 말씀으로 만물을 붙드시며"(히 1:3).

영광은 하나님의 전능하심 같은 하나님의 속성이 아니다. 오히려 크리스토퍼 모건의 주장에 따르면, 영광은 하나님의 속성들을 요약하는 설명어다.[41] 다음 장에서 보듯이, 놀라운 것은 영화로운 하나님이 그분의 영광을 우리와 나누려 하신다는 것이다. 그뿐 아니라 비록 우리의 피조성이 유지되는 방식으로지만, 하나님은 우리를 영화로운 존재로 만드실 것이다. 우리는 영화로운 미래를 맞을 특권을 가진 피조물이다.

2

영화로운 하나님의 프로젝트

내가 가르치고 이끄는 신학대학원이 속한 대학교는 10년 계획을 실행하고 있다. 이 계획은 큰 목표 12개와 그 아래 작은 목표 120개를 담고 있다. 대조적으로, 아무 계획도 없는 기관을 상상해 보라. 숱한 문제와 함께 파산이 곧 들이닥칠 것이다. 또는 국방 정책이 없는 나라를 생각해 보라. 머지않아 침략당할 것이다.

이제 계획 없는 우주를 상상해 보라. 어떤 사람들은 우주에 아무 계획이 없다고, 아무 목적이 없다고 믿는다. 무신론자 로런스 크라우스(Lawrence Krauss)가 이런 사람들 가운데 하나다. 그는 이렇게 주장한다.

목적 없는 우주에서 산다고 상상하면 현실을 더 잘 직시하도록 준비할 수 있을 것이다. 나는 이게 그렇게 나쁘다고 생각하지 못하겠다. 우리의 바람이나 희망과 달리 낯설고 범상치 않은 우주에서 사는 것이 우리의 존재를 정당화하려고 만들어진 동화 같은 우주에서 사는 것보다 내게는 훨씬 만족스럽다.[1]

크라우스에 따르면 우리는 맹목적 진화의 산물이다. 그러나 어떤 세속주의자들은 우리가 생물학적 유기체로서 목적 지향적으로 진화했다고 주장한다. 그러므로 이들의 가정에서도, 적어도 우주의 한 모퉁이는 목적으로 채워져 있다. 참 이상하다!

성경을 믿는 사람들은 그렇지 않다는 것을 안다. 우리와 같은 피조물, 목적 있는 창조자 하나님의 형상으로 창조된 존재가 목적 지향적이어야 한다는 것은 이상하지 않다. 그런데 그 목적이라는 것이 무엇인가? 하나님에게 계획이 있다면 그 계획이 무엇이며, 우리는 그 계획에 어떻게 맞춤한가?

하나님의 계획

히브리서 1장 1-2절이 분명히 하듯이, 거기 계시는 하나님은 침묵하지 않으신다. "옛적에 선지자들을 통하여 여러 부분과 여러 모양으로 우리 조상들에게 말씀하신 하나님이 이 모든 날 마지막에는 아들을 통하여 우리에게 말씀하셨으니 이 아들을 만유의 상속자로 세우시고 또 그로 말미암아 모든 세계를 지으셨느니라." 하나님으로부터 오는 계시가 있다. 성경은 이 계시의 결정체다(딤후 3:15-16). 16세기 종교개혁자 장 칼뱅이 성경을 안경에 비유한 것은 더없이 옳았다. 그는 이렇게 썼다.

나이 든 사람이나 눈이 침침한 사람이나 시력이 약한 사람 앞에 더없이 아름다운 책을 내밀면, 그것이 좋은 책이라는 것을 알더라도 두 단어도 채 읽지 못한다. 그러나 안경의 도움을 받으면 또렷이 읽을 수 있다. 성경도 마찬가지다. 성경은 이처럼 하나님에 관한 혼란스러운 지식을 우리의 마음에 정돈해 주고 우리의 우둔함을 몰아내며 참하나님을 분명하게 보여 준다.[2]

성경의 각 페이지는 하나님과 그분의 목적에 초점을 맞춘다. 그렇다면 우리는 성경에서 무엇을 보는가? 창조할 뿐 아니라 심판하고 구원하시는 사랑의 하나님을 본다. J. I. 패커는 성경 이야기를 인상적으로 요약한다.

첫째 특징은 이 책이 일차적으로 전혀 사람에 관한 것이 아니라는 점이다. 이 책의 주제는 하나님이다. (이런 표현이 허용된다면) 그분은 드라마의 주연이고 이야기의 주인공이다. 자세히 살펴보면 드러나듯이, 성경은 하나님이 세상에서 과거에 하신 일과 지금 하시는 일과 미래에 하실 일을 사실에 기초해 기록한 것이며, 여기에 선지자들과 시편 기자들과 지혜자들과 사도들의 설명이 덧붙은 것이다. 성경의 핵심 주제는 인간의 구원이 아니라 죄악되고 무질서한 세상에서 자신의 목적이 옳음을 입증하고 자신을 영화롭게 하시는 하나님의 일이다. 하나님은 그분의 나라를 세우고 그분의 아들을 높임으로써, 그분을 예배하고 섬길 한 민족을 세움으로써, 궁극적으로 현재의 질서를 해체하고 재정립해 그분의 세상에서 죄를 완전히 뿌리 뽑음으로써 이 일을 행하신다.[3]

패커는 하나님의 일과 하나님의 말씀을 바르게 말한다. 패커는 "설명"이 없으면 하나님의 일이 하나님의 일로 보이지 않을 거라 말한다. 사도 바울이 십자가를 말하는 방식은 말씀과 일 둘 다 필요함을 보여 주는 가장 좋은 예다. 그는 고린도 신자들에게 "그리스도께서 … 죽으[셨다]"는 사실을 일깨우지만 "우리 죄를 위하여"라고 덧붙인다(고전 15:3). 설명이 없으면, 우리가 듣는 것은 또 하나의 1세기 로마 십자가형 이야기에 지나지 않으며, 똑같은 수천 개 이야기 가운데 하나일 뿐이다.[4] 조지 래드(George Ladd)가 주장하듯이, "역사의 사건들은 계시의 말씀이 수반될 때만 계시적이다."[5]

많은 사람처럼 패커도 성경을 드라마로 본다. 그러나 놀랍게도 문학자들은 우리가 성경에서 보는 것은 드라마가 아니라 코미디(comedy, 희극)라고 주장한다. 릴랜드 라이켄(Leland Ryken)은 이렇게 말한다. "성경과 기독교 복음의 지배적 서사 형식이 비극이 아니라 희극이라는 것은 문학 비평의 상식이다."6 이 부분을 조금 설명하겠다.

우리는 코미디를 생각할 때 극장의 스탠드업 코미디나 "빅뱅 이론" 같은 텔레비전 시트콤이나 사이언스 픽션과 코미디를 혼합한 "가디언즈 오브 갤럭시" 같은 영화를 생각한다. 그러나 문학의 시각에서 볼 때, 코미디는 해피엔드로 끝나는 특정 형태의 줄거리로 이루어진 문학이다. 라이켄은 이렇게 말한다. "성경 이야기는 전체적으로 U 자형 희극 줄거리로 구성된다. 이야기는 완벽한 세상의 창조에서 시작해 타락한 인간의 역사라는 비극으로 내려갔다가 완진힌 행복과 악에 대한 완전한 승리를 누리는 새로운 세상으로 끝난다."7 어떤 사람들은 성경을 드라마로 분류하는 쪽을 선호한다. 그렇더라도 성경을 코미디로 보는 쪽이 더 정확하다. 라이켄에 따르면 성경을 코미디로 볼 때 U 자 형태의 성경 줄거리가 보이기 때문이다.

그런데 라이켄이 성경과 기독교 복음 둘 다 U 자 형태라고 주장하는 것은 어떻게 옳은가?

성경의 줄거리

성경 내러티브가 U 자 형태인 것은 아주 분명하다. 줄거리는 창세기 1-2장의 조화에서 시작한다. 남자와 여자가 하나님과 조화를 이루며 하나님의 형상을 갖는다. 이들은 환경이 편안하고 서로가 편안하다. 하나님과 교제하며 동산을 다스리고 돌본다. 창세기 1장 26절이 말하는 '다스림'이 바로 이런 모습이다. 이들의 자유는 광대하다. 이들은 하나만 빼고 모든 나무의 열매를 먹어도 된다. 창세기 2장은 남자와 여자가 한 몸이고, 벌거벗었으나 부끄러워하지 않았다고 말하며 끝난다(창 2:24-25).

그러나 창세기 3장은 비극적 반전 이야기를 들려준다. 유혹하는 자가 외부에서 동산으로 들어온다. 이 피조물의 기원에 관해서는 아무 설명이 없다. 분명한 것은 이자가 침입자라는 것이다. 뱀은 곧 하나님의 말씀에 의문을 제기한다. "하나님이 참으로 … 하시더냐." 더불어 하나님의 성품에도 의문을 제기한다(창 3:1, 5). 뱀은 실제로 하나님은 바람직한 것을 주시지 않는다고 넌지시 말한다. 뱀이 성공하여, 첫 부부는 관계가 틀어진다. 자신들의 창조자와 교제하는 대신 그분에게서 벗어나려 한다(창 3:8). 유혹하는 뱀(마귀)과 남자와 여자에게 심판이 신속히 임한다(창 3:14-19).

흥미롭게도 초기 랍비들은 아담이 에덴동산에서 죄를 지어 자신의 영광을 잃었으나 메시아께서 이 영광을 회복하리라고 했다.

예를 들어 창세기 라바(Genesis Rabbah, 창세기를 해설한 유대교 미드라시*) 11장은 이렇게 말한다.

> 아담의 영광은 그와 함께 그 밤을 새우지 못했다. 증거는 무엇인가? 그러나 아담은 영광 가운데 밤을 보내지 못했다(시 49:13, 히브리어 성경 기준이며, 우리 성경으로는 49:14*). 랍비들은 이렇게 주장한다: 그의 영광이 그와 함께 거했으나 안식일이 끝날 때 그분은 그에게서 광휘를 제거하고 그를 에덴동산에서 쫓아내셨다. 기록되었듯이, "주께서 … 그의 얼굴 빛을 변하게 하시고 쫓아보내시오니"(욥 14:20).[8]

이렇게 영광을 잃은 것이 로마서 3장 23절에 투영되었을 것이다. 로버트 마운스(Robert Mounce)는 이 구절, "모든 사람이 죄를 범하였으매 하나님의 영광에 이르지 못하더니"를 주석하며 이렇게 설명한다.

> 유대교 사상에서, 인간은 자신과 하나님의 관계를 끊었을 때 이 영광에서 자신의 몫을 잃었으나 오는 세대에 이 관계는 회복될 것이다. 원래 의도는 사람들이 하나님의 영광을 투영하는 것이었다(참조. 창 1:26). 아담과 하와는 선악을 알게 하는 나무의 열매를 먹음으로써 자신들과 하나님의 관계를 잃었고, 태어날 모든 인간의

본질적 본성을 결정했다(창 3장). 그리스도께서 이루신 구속 덕분에 우리는 하나님과의 인격적 관계를 회복할 수 있다. 그리스도의 사역이 없었다면 우리에게 이러한 회복은 불가능하다.[9]

랍비 사상에서 영광은 아담이 잃은 여섯 가지 가운데 하나였다. 나머지 다섯은 그의 불멸, 그의 정점, 땅의 열매, 나무의 열매, 하늘의 발광체들의 빛인데, 이 빛이 희미해졌다.[10] 아담과 하와는 에덴에서 쫓겨났고, 더 중요하게는 하나님 앞에서 쫓겨났다.

창세기 3장부터 요한계시록 20장까지, 성경은 죄와 죄에서 비롯된 온갖 재앙의 역사뿐 아니라 하나님이 이에 답해 구원하고 심판하시는 역사도 들려준다. 하나님과 우리의 관계가 깨지자(심판) 남자와 여자의 관계도 깨졌고(갈등), 우리와 우리 자신의 관계도 깨졌으며(부끄러움), 우리와 환경의 관계도 깨졌다(가시와 엉겅퀴). 우리는 추방되었다. 우리는 이제 에덴 밖에서 살아간다. 그룹들이 화염검을 들고 에덴을 지킨다. 에덴으로 돌아갈 수 없다는 뜻이다(창 3:24). 부조화가 조화를 대신한다.

그러나 희망이 있다. 심판과 함께 약속도 오기 때문이다. 하나님이 개입하실 테고, 하나님과 그분의 형상들의 원수가 패배할 것이다. 하나님의 결정적 행위에 관한 약속, 곧 그분이 오신다는 약속이 이른바 **원시복음**(*protevangelium*, 최초의 복음)이라 불리는 창세기 3장 15절에 나온다.

내가 너로 여자와 원수가 되게 하고
　네 후손도 여자의 후손과 원수가 되게 하리니
여자의 후손은 네 머리를 상하게 할 것이요
　너는 그의 발꿈치를 상하게 할 것이니라

복음은 이러한 개입과 이러한 영광의 회복에 관한 소식이다.

성경 이야기를 보는 한 방식은 성경을 대체로 네 아들의 이야기로 보는 것이다. 하나님의 아들 아담은 에덴동산에서 유혹을 받아 실패했다(창 3장). 하나님의 집단적 아들 이스라엘은(출 4:22) 광야에서(시 95편) 그리고 약속의 땅, 곧 새 에덴에서 유혹을 받아(시 106편) 역시 실패했다.

그러나 하나님은 자신의 아들을 보내어 아담과 이스라엘이 되어야 했으나 되지 못했던 모든 것이 되게 하셨다. 하나님의 아들은 하나님의 입에서 나온 모든 말씀대로 사셨다(참조. 신 8:3; 마 4:3-4). 그분도 유혹을 받았으나 실패하지 않으셨다(마 4:1-11). 그분은 자신의 메시아 사명에 충실하셨다. 그러면서 자신이 세상의 구주라는 것을 진정으로 증명하셨으며, 사마리아인들까지도 이를 인정했다(요 4:22). "죄의 삯은 사망"(롬 6:23)이지만, 우리의 죄 때문에 죽어야 했던 우리를 대신해 그리스도께서 죽으셨고(롬 5:6-8), 이 죽음에서 용서가 나온다(골 1:13-14). 더 나아가, 하나님이 자신의 아들을 보내신 것은 우리가 아들로 입양되고 성령을 힘입어 하나님을 "아버지"라 부르게 하기 위해서다(갈 4:4-7).[11] 그분은 참으로 구주시다!

더욱이 십자가는 뱀의 패배를 의미한다. 오스카 쿨만(Oscar Cullmann)은 이러한 패배의 의미를 유명한 비유로 설명했다.[12] 그는 악에 대한 십자가의 승리를 제2차 세계대전의 D 데이에 비유했다. 1944년 D 데이에 감행된 노르망디 상륙 작전은 유럽 전쟁의 결정적 전환점이었다. 나치는 곧 퇴각했으며 영토를 점점 더 잃었다. 그러나 나치는 1945년 5월에야 최종적으로 패배했다. 최종 승리의 날을 V-E(Victory in Europe) 데이로 기념한다. 비록 결정적 승리를 D 데이에 거두었으나 이 승리는 V-E 데이에 가서야 완성되었다.

히브리서 저자는 성육신과 십자가의 의미를 이렇게 표현한다. "자녀들은 혈과 육에 속하였으매 그도 또한 같은 모양으로 혈과 육을 함께 지니심은 죽음을 통하여 죽음의 세력을 잡은 자 곧 마귀를 멸하시며"(히 2:14). 그러나 마귀는 광명의 천사로 가장하거나 거짓 선생들을 통해서나(고후 11:12-15) 으르렁대는 사자처럼 박해를 통해(벧전 5:8) 여전히 위협할 수 있다. 마귀와 그의 앞잡이들에 대한 최종 승리(이를테면, V-E 데이)는 요한계시록 20장이 보여 주듯이 미래의 일이다.

사도 바울은 하나님의 개입이 갖는 의미를 깊이 들여다보며 의미심장하게 말한다.

때가 차매 하나님이 그 아들을 보내사 여자에게서 나게 하시고 율법 아래에 나게 하신 것은 율법 아래에 있는 자들을 속량하시고 우리로 아들의 명분을 얻게 하려 하심이라 너희가 아들이므로 하나님이 그 아들의 영을 우리 마음 가운데 보내사 아빠 아버지라 부르게 하셨느니라 그러므로 네가 이 후로는 종이 아니요 아들이니 아들이면 하나님으로 말미암아 유업을 받을 자니라(갈 4:4-7)

이 갈라디아서 구절의 문맥은 바울이 아브라함과 아브라함에게 주어진 약속에까지 거슬러 올라가며 펼치는 더 넓은 논증이다(갈 12:1-3).

바울의 논증에서 핵심은 창세기 12장의 기본 약속을 통해 민족들이 복을 받으리라는 것이다(갈 3:7-8). 본질적 요소는 아브라함의 믿음과 같은 믿음이며(갈 3:9), 이 믿음은 하나님의 약속을 신뢰하는 것이다. 이 믿음을 통해 유대인과 이방인 양쪽 모두 약속하신 성령을 받는다(갈 3:14). 이렇게 믿는 자들은 아브라함의 자녀다. 그러나 이 자녀들이 죄의 종이 되었기에 해방자가 필요하다. 그래서 그리스도께서 "때가 차매" 이 장면에 들어오셨다(갈 4:4).

존 스토트(John Stott)는 하나님이 아들을 보내어 우리를 입양해 우리에게 아들의 지위를 주시고, 아들의 성령을 보내어 우리가 입술로 "아빠"라 부를 때 부모-자녀 간 친밀함을 경험하게 하신다고 정확히 말한다.[13] 이와 비슷하게, 바울은 하나님의 자녀들을 기다리는 기업이 있다고 여러 곳에서 말한다(예를 들어, 롬 8:12-17). 베드로 사도도 알았듯이, 이 기업은 도래할 영광의 결정적 특징 가운데 하나다(벧전 1:3-6). 베드로는 자신의 독자들을 깜짝 놀랄 말로 묘사한다. "예수를 너희가 보지 못하였으나 사랑하는도다 이제도 보지 못하나 믿고 말할 수 없는 영광스러운 즐거움으로 기뻐하니 믿음의 결국 곧 영혼의 구원을 받음이라"(벧전 1:8-9).

바울이 빌립보 그리스도인들에게 보낸 서신에서 아들의 여정을 묘사할 때 코미디의 U 자 형태가 특히 두드러진다.

> 너희 안에 이 마음을 품으라 곧 그리스도 예수의 마음이니 그는 근본 하나님의 본체시나 하나님과 동등됨을 취할 것으로 여기지 아니하시고 오히려 자기를 비워 종의 형체를 가지사 사람들과 같이 되셨고 사람의 모양으로 나타나사 자기를 낮추시고 죽기까지 복종하셨으니 곧 십자가에 죽으심이라 이러므로 하나님이 그를 지극히 높여 모든 이름 위에 뛰어난 이름을 주사 하늘에 있는 자들과 땅에 있는 자들과 땅 아래에 있는 자들로 모든 무릎을 예수의 이름에 꿇게 하시고 모든 입으로 예수 그리스도를 주라 시인하여 하나님 아버지께 영광을 돌리게 하셨느니라(빌 2:5-11)

이 여정은 영원에서 시작한다.[14] 예수님은 하나님의 아들이신

데, 영광의 상태를 떠나(빌 2:6) 낮아짐의 상태에 들어가며(빌 2:7-8), 이후에 다시 영광의 상태로 돌아가신다(빌 2:9-11). 아들의 여정은 '공간적인' 면에서 아래로 내려온 후 위로 올라가는 움직임, 곧 내려오심(descent)과 올라가심(ascent)이다. 빌립보서 2장 5-11절에서 전환점은 십자가다. "사람의 모양으로 나타나사 자기를 낮추시고 죽기까지 복종하셨으니 곧 십자가에 죽으심이라"(빌 2:8).

바울이 빌립보 그리스도인들에게 제시하는 핵심은 이들이 예수님처럼 타인을 중심에 두어야 한다는 것이다. 타인의 필요에 주목하기보다 자신의 이익을 추구하고 있기에, 이들은 그리스도의 겸손한 마음이 필요하다. 사도 바울은 이렇게 권면한다. "아무 일에든지 다툼이나 허영으로 하지 말고 오직 겸손한 마음으로 각각 자기보다 남을 낫게 여기고 각각 자기 일을 돌볼뿐더러 또한 각각 다른 사람들의 일을 돌보아 나의 기쁨을 충만하게 하라"(빌 2:3-4). 뒤이어 바울은 빌립보 신자들의 주의를 자신의 대리자 디모데에게로 옮겨 디모데를 그리스도의 길을 보여 주는 본보기로 제시한다. "내가 디모데를 속히 너희에게 보내기를 주 안에서 바람은 너희의 사정을 앎으로 안위를 받으려 함이니 이는 뜻을 같이하여 너희 사정을 진실히 생각할 자가 이밖에 내게 없음이라 그들이 다 자기 일을 구하고 그리스도 예수의 일을 구하지 아니하되"(빌 2:19-21). 빌립보서 2장 5-11절은 목회 상담에 유익한 고기독론(high Christology)이다.

복음의 U 자 형태는 요한복음의 내러티브 구조에서도 나타난다. 요한복음은 영원의 정점에서 시작한다. "태초에 말씀이 계시니라 이 말씀이 하나님과 함께 계셨으니 이 말씀은 곧 하나님이시니라 그가 태초에 하나님과 함께 계셨고"(요 1:1-2). 그러나 이 말씀은 영원에 머물지 않으셨다. 요한복음 1장 14절에서 이것을 확인할 수 있다. "말씀이 육신이 되어 우리 가운데 거하시매 우리가 그의 영광을 보니 아버지의 독생자의 영광이요 은혜와 진리가 충만하더라." 말씀이 육신이 되신 이야기는 언어적으로 단순하지만 그 의미는 아주 깊고 세밀하다. 요한복음 1장 1-18절을 읽으면 알듯이 이 말씀은 실제로 아들이며, 이 아들이 언약의 큰 가치, 곧 "은혜와 진리"를 체현하시기에 "영광"은 그분에게 적절한 설명어다(요 1:14).

프롤로그는 여기서 그치지 않고 말씀의 정체를 더 많이 알려준다. 프롤로그의 절정은 우리에게 이렇게 말한다. "율법은 모세로 말미암아 주어진 것이요 은혜와 진리는 예수 그리스도로 말미암아 온 것이라 본래 하나님을 본 사람이 없으되 아버지 품속에 있는 독생하신 하나님이 나타내셨느니라"(요 1:17-18). 말씀, 곧 아들이 "예수 그리스도"라는 인간의 이름을 가지셨다. 말씀, 아들, 예수 그리스도께서 아버지를 알리고 아버지를 영화롭게 하는 사명을 띠고 타락의 영역(낮아짐의 상태)에 들어오셨다(요 17:4).

그래서 예수님은 성육하신 아들, 육신이 되신 말씀인데도 피로와 목마름을 느끼신다(요 4:6-7). 그분은 십자가에서 가장 낮은 곳, 가장 수치스러운 상태, 가장 밑바닥에 이르러 거기서 세상 죄를 지고 가는 하나님의 어린양 역할을 하신다(요 1:29). 그러나 역설적으로, 이것은 그분의 즉위식이기도 하다(요 12:32). 죽음이 그분을 붙잡지 못한다. 그분은 부활해 제자들에게 자신이 아버지께 돌아간다고 말씀하신다(요 20:17). 우리의 목적에 중요하게도, 예수님은 이 여정을 영광의 범주로 묘사하신다. 그분은 죽음이 눈앞에 닥친 시점에 동산에서 이렇게 기도하신다. "아버지여 창세 전에 내가 아버지와 함께 가졌던 영화로써 지금도 아버지와 함께 나를 영화롭게 하옵소서"(요 17:5). 다시 한번, 우리는 코미디 패턴의 움직임을 본다: 위에서 아래로, 다시 위로.

이 패턴은 히브리서 1-2장에서도 나타난다. 하나님의 아들은 "하나님의 영광의 광채시요 그 본체의 형상이시라 그의 능력의 말씀으로 만물을 붙드시며"(히 1:3). 이들은 실제로 천사들이 경배하는 대상이다(히 1:5-6).[15] 이것은 신약성경에서 그리스도의 신성을 단언하는 많은 구절 가운데 하나다(예를 들어, 요 1:1-2; 빌 2:5-6). 아들이 사람이 되어 "천사들보다 잠시 동안 못하게" 되셨는데, 우리 같은 완악한 피조물을 위해 죽음을 맛보기 위해서였다. 이 죽음으로 예수님은 영광과 존귀로 관을 쓰셨다(히 2:9). 히브리서에서 영광에 대한 분명한 세 번째 언급은 기독론, 인간론, 구원론, 종말론을 한데 아우른다. "그러므로 만물이 그를 위하고 또한 그로 말미암은 이가 많은 아들들을[인간론] 이끌어[구원론] 영광에 들어가게[종말론] 하시는 일에 그들의 구원의 창시자를[기독론] 고난을 통하여 온전하게 하심이 합당하도다"(히 2:10).

그런데 왜? 하나님의 의도는 무엇인가?

이 모든 일의 목적

이사야 선지자가 분명히 말하듯이, 성경의 하나님은 자신의 영광을 추구하신다.

> 나는 나를 위하며 나를 위하여 이를 이룰 것이라
> 어찌 내 이름을 욕되게 하리요
> 내 영광을 다른 자에게 주지 아니하리라(사 48:11)

크리스토퍼 모건은 바울이 에베소 신자들에게 보낸 서신을 살펴보면서 하나님의 추구에 담긴 의미를 이렇게 설명한다.

첫째, 하나님은 자신의 창조 세계, 특히 자신의 백성에게 경배를 받기 위해 행동하신다(엡 1:6, 12, 14). 둘째, 하나님은 창조 세계를 통해 자신을 드러내려고 행동하신다. 하나님은 자신의 사랑과 자비와 은혜와 인자와 창조 사역과 지혜를 드러내신다(엡 2:4-10; 3:8-10). 자신을 드러내실 때 하나님은 자신의 위대함과 충만함을 전달하시며, 이로써 자신을 영화롭게 하신다.[16]

놀랍잖게도, 하나님의 추구에 맞춰 인간의 역할이 형성되어야 한다. 웨스트민스터 소요리문답은 이것을 이렇게 표현한다. "사람의 제일 되는 목적은 하나님을 영화롭게 하고 그분을 영원히 기뻐하는 것이다."[17] 존 파이퍼(John Piper)는 수백 년 된 이 선언을 독창적으로 비틀었다. "사람의 제일 되는 목적은 하나님을 영원히 기뻐함으로써 그분을 영화롭게 하는 것이다."[18] 원문에서든 수정본에서든, 이것은 논쟁의 여지가 있는 선언이다. 어떤 사람들은 이러한 추구가 일종의 천상적 나르시시즘을 드러낸다고 생각할 것이다. 새로운 대통령이 취임식에서 자신의 목적은 자신을 영화롭게 하는 것이라고 선언한다고 상상해 보라. J. I. 패커의 주장이 옳다. "이것은 우리가 처음에 받아들이기 어려운 진리다. 이에 대해 우리는 곧바로 이런 생각이 하나님께 합당하지 않다며 불편함을 느낀다. 다시 말해, 어떤 종류의 자기 관심도 실제로 도덕적 완전함과 양립할 수 없고, 특히 사랑이라는 하나님의 본성과 양립할 수 없다."[19]

하나의 대답은 하나님이 하나님이고 우리가 하나님이 아니라는 것이다. 피조물에게 도덕적으로 잘못된 추구일 수 있는 것이 창조자에게는 그렇지 않다. 패커는 이 대답을 받아들이며 이렇게 말한다.

> 그분의 모든 행동에서, 하나님의 궁극적 목적은 그분 자신이다. 이에 관해 도덕적으로 그 어떤 의심도 없다. 사람이 하나님의 영광보다 높은 목적을 가질 수 없음을 인정한다면, 어떻게 하나님 자신에 관해 달리 말할 수 있겠는가? 하나님이 자신의 모든 일에서 자신의 영광을 추구하신다는 것이 하나님에게 합당하지 않다고 본다면, 여기서 하나님과 사람이 같은 수준이 아니라는 사실을 기억하지 못함을 드러내는 것과 같고 사람은 동료 피조물을 희생시켜 자신의 안녕을 자신의 궁극적 목적으로 삼는 반면 하나님은 자신의 피조물에게 복을 줌으로써 자신을 영화롭게 하기로 결정하셨다는 것을 깨닫지 못했음을 드러내는 것과 같다.[20]

창조자와 피조물 간의 존재론적·질적 차이를 바르게 인식한 대답이다.

또 다른 대답은 하나님이 삼위일체라는 것이다. 아버지께서 아들을 영화롭게 하시고, 아들이 아버지를 영화롭게 하시며, 성령께서 아버지와 아들을 영화롭게 하신다. 요한복음에서, 예수님은 제자들과 대화를 나누다가 자신에 관해 에둘러 말씀하신다. "지금 인자가 영광을 받았고[마치 십자가 사건이 이미 일어난 것처럼 여기신다]

하나님도 인자로 말미암아 영광을 받으셨도다 만일 하나님이 그로 말미암아 영광을 받으셨으면 하나님도 자기로 말미암아 그에게 영광을 주시리니 곧 주시리라"(요 13:31-32). 예수님이 겟세마네 동산에서 하신 기도도 이 부분과 잘 연결된다. 예수님은 자신의 지상 사역을 요약하며 아버지께 이렇게 말씀하신다. "내가 … 아버지를 이 세상에서 영화롭게 하였사오니"(요 17:4). 성령의 사역에 관해 예수님은 직접적으로 말씀하신다. "그가 내 영광을 나타내리니"(요 16:14, 새번역은 "그는 나를 영광되게 하실 것이다"*). 서로를 영화롭게 하는 것이 삼위일체 각 위격의 활동이다. 따라서 피조물은 자신을 지으신 분을 영화롭게 하라는 요구를 받을 때, 자신의 하나님처럼 되라는 명령을 받는 것이다.

로마서 8장 28-30절에서 나타나듯이 성경이 계시하는 영화로운 하나님은 자신의 영광을 기꺼이 나누려 하신다.

우리가 알거니와 하나님을 사랑하는 자 곧 그의 뜻대로 부르심을 입은 자들에게는 모든 것이 합력하여 선을 이루느니라 하나님이 미리 아신 자들을 또한 그 아들의 형상을 본받게 하기 위하여 미리 정하셨으니 이는 그로 많은 형제 중에서 맏아들이 되게 하려 하심이니라 또 미리 정하신 그들을 또한 부르시고 부르신 그들을 또한 의롭다 하시고 의롭다 하신 그들을 또한 영화롭게 하셨느니라 자신의 영광을 추구하는 하나님이 우리의 영광도 추구하신다. 이 얼마나 놀라운 은혜인가!

구속의 황금 사슬

로마서 8장 30절은 인류의 비참한 파국에 대한 하나님의 응답을 아주 잘 보여 준다. 바울이 명명한 예정, 부르심, 칭의, 영화가 구속의 황금 사슬을 형성한다. '황금 사슬'(golden chain)이란 용어의 기원은 16세기 성공회의 위대한 청교도 윌리엄 퍼킨스(William Perkins)로 거슬러 올라간다.[21] 그는 사슬을 구성하는 모든 요소가 택함받은 개개인에게 적용된다고 보았다.

그러나 현대의 아르미니위스주의자들은 이 본문을 다르게 읽는다. 이들은 미리 아심이 핵심이며, 개개인이 아니라 교회가 본문의 고려 대상이라고 주장한다.[22]

하나님은 신자가 될 사람들의 집단(class)을 미리 아신다. 이 신자들이 교회다. 이 집단이 집단으로서 칭의와 영화의 영역으로 예정된다. 신학적 쟁점은 미리 아심이 미리 결정하심에 달려 있는가 아니면 예정이 회개와 믿음을 미리 아심에 달려 있는가다.[23]

뜨거운 논쟁의 대상인 이 황금 사슬에 관해 무엇을 말할 수 있는가? 이 본문은 결합의 신학을 허용한다. **양자택일**(either-or)이 아니라 **양자택이**(both-and)를 허용한다. 브루스 데머리스트(Bruce Demarest)는 로마서 8장 29-30절을 논하면서 이 부분을 정확히 파악한다. 그는 이렇게 주장한다. "구원의 원은 집단적인 동시에 개인적이다."[24] 그는 또한 이렇게 주장한다. "우리가 어떤 집단을 택하심을 말한다면, 택하심을 받은 개개인의 총합으로 말해야 한다."[25] 주목해야 할 놀라운 진리는 하나님이 의롭다 하신 자들을 영화롭게 하시리라는 것이다. 크리스토퍼 모건은 하나님이 이렇게 자신의 영광을 나누심을 아주 잘 요약한다. "홀로 영화로운 하나님이 그분의 영광을 그분의 백성과 나누신다는 것은 이상해 보이지만, 이것이 아주 두드러진 주제다. 놀랍게도 신약성경은 이를 아주 폭넓게 가르친다."[26] 모건이 옳으며, 로마서 8장 30절은 이러한 본문 가운데 하나일 뿐이다.

넓게 생각하면, 하나님의 프로젝트는 창조 세계 전체에서 진정한 예배를 회복하는 것이다. 이것이 영원한 복음이다. 사도 요한은 이렇게 선언한다.

> 또 보니 다른 천사가 공중에 날아가는데 땅에 거주하는 자들 곧 모든 민족과 종족과 방언과 백성에게 전할 영원한 복음을 가졌더라 그가 큰 음성으로 이르되 하나님을 두려워하며 그에게 영광을 돌리라 이는 그의 심판의 시간이 이르렀음이니 하늘과 땅과 바다와 물들의 근원을 만드신 이를 경배하라 하더라(계 14:6-7)

그런데 우리와 관련해 좁게 생각하면, 이것은 명작 복원이며 이 복원의 결과는 우리의 영화다. 모나 후커(Morna Hooker)가 통찰력을 보여 준다. "소망의 기초는 그리스도이며, 소망의 대상은 영광이다. 로마서에서 바울은 어떻게 아담이 하나님의 영광을 잃었고(롬 1:23; 3:23) 어떻게 신자들이 이제 이 영광의 회복을 소망하는지 들려준다(롬 5:12; 8:18, 30)."[27]

헤일리 고랜슨 제이컵은 로마서 8장 30절을 거기에 담긴 영화 모티프와 함께 어떻게 이해해야 하는지에 관해 흥미로운 주장을 한다. 그녀에 따르면, 이 바울 본문은 구원이 아니라 소명(vocation)에 관한 것이다. 구속의 황금 사슬은 실제로 소명의 황금 사슬이다. 로마서를 꼼꼼히 읽으면서, 그녀는 영광의 내러티브를 본다. 이 내러티브에서, 아담이 잃은 것이 그리스도 안에서 회복되고 신자들은 그리스도와 연합함으로써 그분이 왕으로 다스리는 일에 참여한다.

신자들에게 "영화롭게 된다는 것은 신분의 변화를 경험한다는 것이다. 다시 말해 새로운 신분으로, 아담이 그렇게 되었어야 했고 이제 메시아께서 그렇게 되셨듯이 영광으로 관을 쓰고 대리자로서 창조 세계를 다스리는 존귀한 신분으로 높아진다는 것이다."[28] 제이컵은 "영화롭게 하셨느니라"(glorified)로 번역된 헬라어 (헬라어 동사의 아오리스트 상, 부정과거형. 이미 일어난 단회적 사건을 가리킨다*)를 영화가 이미 일어났다는 의미로 이해해야 한다고 주장한다.[29]

신자들은 지금 그리스도의 통치에 참여한다.

그러나 제이컵은 로마서 8장 17절이 "신자들의 영광이 아직 이르지 않았다"고 주장한다는 것을 인정한다.[30] 바울은 여기서 이렇게 말한다. "자녀이면 또한 상속자 곧 하나님의 상속자요 그리스도와 함께 한 상속자니 우리가 그와 함께 영광을 받기 위하여 고난도 함께 받아야 할 것이니라." 제이컵은 바울이 "지금 그러나 아직"(now but not yet, 시작된 종말론)의 개념을 갖고 말하는 것을 보면서 로마서 8장 17절(미래)과 로마서 8장 30절(현재)을 이해한다. 영화가 바울의 사고에서 두 단계로 이루어진다는 제이컵의 주장은 설득력이 있다. 제이컵이 말하듯이, "신자와 그리스도의 연합을 토대로 볼 때, 영화는 현재의 실재이며, 적어도 부분적으로 그러하다. … 빌립보서 3장 21절에서처럼 신자들의 몸이 부활해 그리스도의 영광에 참여할 때, 온전히 참여할 것이다."[31] 여기서 묻겠다. 당신은 로마서 8장 30절이 구원이 아니라 소명을 가리킨다는 제이컵의 주장에 동의하는가? 둘 다일 수는 없는가?

결론

우주는 우연이 지배하는 변덕스러운 곳이 아니다. 인류는 우주의 우연이 아니다. 영화로운 하나님이 자신의 형상으로 인간을 창조하셨으나 이 형상이 안타깝게도 훼손되어 있다. 온전히 하나님의 형상이 된다는 말은 곧 영화로운 존재가 된다는 뜻이다. 아담이 잃어버린 영광을 그리스도께서 새 아담으로서 우리를 위해 되찾으신다. 이것은 우리가 그리스도와 함께하는 공동 통치자의 정체성과 신분에 참여한다는 뜻이다. 우리는 하나님이 자신의 영광을 추구하신다는 사실에 놀라지 말아야 한다. 하나님이 하나님이지 우리가 하나님이 아니다. 그러나 영화로운 하나님은 자신의 영광을 나누어 주신다. 참으로 놀랍다! 이것은 천상의 자기 몰입을 말하는 것이 아니다. 삼위일체 교리는 영화로운 하나님이 삼위일체이며 서로를 영화롭게 하는 것이 삼위일체의 **내적**(*ad intra*) 특징이라는 사실을 우리에게 일깨워 준다. 우리가 하나님을 영화롭게 한다는 것은 하나님을 닮은 방식으로 행동한다는 것이다. 그런데 문제는 이것이다. 우리의 영화는 정확히 무엇을 포함하는가? 영화에 이르는 길은 어떤 모습인가? 다음 장에서 이 부분을 살펴보겠다.

3

영광에 이르는 길

영화 개념은 대중에게 아편인가? 카를 마르크스라면 그렇게 생각했을 것이다. 그는 종교가 신자로 하여금 내세에 집중해 현세에 소홀하게 한다고 주장했다. 그는 유명한 말을 남겼다. "종교는 억압받는 자들의 한숨이고 심장 없는 세상의 심장이며 영혼 없는 상태의 영혼이다. 종교는 인민의 **아편**이다."[1]

마르크스는 천국을 판타지로 묘사했다.[2] 1911년 조 힐(Joe Hill)의 노래 한 구절을 빌리자면, 이것은 "죽으면 하늘의 파이를 먹을 거야"(pie-in-the-sky-when-you-die) 정신이다. 힐은 노동 운동가였다. 그의 노래는 유명한 찬송가 "해보다 더 밝은 저 천국"을 패러디한 것이다.

그러나 이제 곧 보게 되듯이 성경의 증언은 영화의 과정이 현세에서 이미 시작되었다는 것이다. 더욱이, 역시 곧 보게 되듯이 영광을 향한 기대는 지금 여기서 경건하게 살아야겠다는 동기로 작용한다. 신자는 내세를 기대하며 현세에 섬기며 살아야 한다. 게다가 하나의 과정과 기대로서 영화는 삼위일체 하나님의 일이다. 영화는 복음이 주는 유익이다. 아버지의 역할부터 살펴보겠다.

아버지의 역할

첫 순교자 스데반의 이야기에서 보듯이, 초기 기독교는 예루살렘에서 유대 당국자들에게 박해를 받았다. 스데반은 유대 당국자들 앞에서 극적인 설교를 하면서 하나님을 이렇게 묘사했다. "여러분 부형들이여 들으소서 우리 조상 아브라함이 하란에 있기 전 메소보다미아에 있을 때에 영광의 하나님이 그에게 보여"(행 7:2). 유대 당국자들은 스데반의 설교에 거칠게 반응했다. "그들이 이 말을 듣고 마음에 찔려 그를 향하여 이를 갈거늘"(행 7:54). 스데반은 돌에 맞아 죽었다(행 7:59). 그러나 스데반이 믿음 때문에 죽임을 당하기 전, 하나님이 그에게 환상을 보여 주셨다. 스데반은 영광의 하나님이 아브라함에게 나타나셨다고 했다. 이제 그는 마지막 순간에 바로 이 하나님의 영광을 직접 보았다. "스데반이 성령 충만하여 하늘을 우러러 주목하여 하나님의 영광과 및 예수께서 하나님 우편에 서신 것을 보고"(행 7:55). 따라서 사도 바울도 아버지 하나님을 비슷하게 묘사한 것은 놀랍지 않다. 그는 에베소 신자들을 위해 이렇게 기도했다. "우리 주 예수 그리스도의 하나님, 영광의 아버지께서 지혜와 계시의 영을 너희에게 주사 하나님을 알게 하시고"(엡 1:17).[3] 앞장에서 보았듯이, 하나님은 참으로 영화로운 분이다.

요한복음은 하나님이 한 분이라고 분명히 단언하지만 삼위일체의 구분도 단언한다(요 1:1-2; 10:30). 이러한 구분 가운데 하나가 예수님이 다락방에서 하신 유명한 기도에 나타난다.[4] 예수님은 이렇게 기도하셨다. "아버지여 창세 전에 내가 아버지와 함께 가졌던 영화로써 지금도 아버지와 함께 나를 영화롭게 하옵소서"(요 17:5).

리처드 보컴은 이렇게 주석한다. "영예(honor)가 수반되기는 하지만, 이것이 일차적으로 영예를 가리키는지 의문이다. 이 영광은 볼 수 있는 영광이다(요 17:24). 이것은 분명한 광휘이고, 그 누구라도 보면 살아남지 못하는 하나님의 영광이며, 가렸던 베일이 벗겨져 '하나님이 누구신지'를 드러내는 광채다."[5] 이 주장이 놀라운 것은 아들의 선재(先在)와 아들이 성육신하며 내려놓은 광휘를 너무나 분명하게 단언하기 때문인데, 예수님은 이 광휘가 회복되길 기도하신다.

그리스도께서 자신의 영광을 내려놓으셨는데, 이러한 비움이 무엇을 수반했을지에 관해 특히 빌립보서와 관련해 숱한 이론이 생겨났다. 빌립보서에서 바울은 빌립보 그리스도인들에게 유명한 도전을 준다. "너희 안에 이 마음을 품으라 곧 그리스도 예수의 마음이니 그는 근본 하나님의 본체시나 하나님과 동등됨을 취할 것으로 여기지 아니하시고 오히려 자기를 비워 종의 형체를 가지사 사람들과 같이 되셨고"(빌 2:5-7).

아들이 자신의 전능과 무소부재와 전지를 내려놓으셨는가? 우리가 만족스럽게 말할 수 있는 것은 그분이 육신이 됨**으로써** 아들로서 자신의 광휘를 내려놓으셨다는 것이다. 그분은 이렇게까지 낮아지셨다.[6] 바울은 고린도후서에서 이러한 낮아짐을 다른 방식으로 이해한다. "우리 주 예수 그리스도의 은혜를 너희가 알거니와 부요하신 이로서 너희를 위하여 가난하게 되심은 그의 가난함으로 말미암아 너희를 부요하게 하려 하심이라"(고후 8:9). 머리 해리스(Murray J. Harris)는 이렇게 주석한다.

그러므로 이 구절에서, 바울은 고린도 신자들에게 주 예수 그리스도께서 어떻게 은혜로우신지를 일깨우고 있다. 그분은 하늘에서 선재하실 때 영광이 말할 수 없이 부요하셨는데도(ὤν, 온) 이 땅에 사는 내내 이 부요함과 비교되는 가난을 취함으로써 더없이 가난하게 되셨으나, 역설적이게도 이 가난이 신자들에게 영적 부요를 안겼다.[7]

이 바울 본문이 중요한 것은 우리의 부요한 운명을 가리키기 때문이기도 하다. 마크 세이프리드(Mark Seifrid)가 주장하듯이, 이러한 부요함은 영광을 비롯한 무수한 복으로 구성된다. "이에 상응하게도, 그리스도께서 주시는 부요함은 의, 생명, 영광, 위로로 구성된다. 다시 말해 구원의 선물 그 자체다."[8]

바울에 따르면, 하나님 아버지께서 놀라운 기대로, 곧 하나님 나라와 영광으로 우리를 부르신다. 바울은 데살로니가 신자들에게 이렇게 편지했다. "너희도 아는 바와 같이 우리가 너희 각 사람에게 아버지가 자기 자녀에게 하듯 권면하고 위로하고 경계하노니 이는 너희를 부르사 자기 나라와 영광에 이르게 하시는 하나님께 합당히 행하게 하려 함이라"(살전 2:11-12). 이 기대는 지금 여기서 행동으로 이어져야 한다. 우리는 하나님의 성품을 투영해야 한다. 우리가 품는 신학에서 행동하는 신학이 흘러나와야 한다. 우리가 이 영화로운 하나님 나라의 소망을 품는다면 여기에 수반되는 삶의 방식이, 바울의 표현을 빌리면 "행함"(a walk, 발걸음*)이 있어야 한다.

아들의 역할

예수님은 영광의 주님이다. 바울은 이 표현을 고린도전서 2장 8절에서 사용한다. "이 지혜는 이 세대의 통치자들이 한 사람도 알지 못하였나니 만일 알았더라면 영광의 주를 십자가에 못 박지 아니하였으리라." 이 칭호는 다양하게 해석되었다. 아우구스티누스는 이 칭호가 영광을 나누어 주시는 예수님을 가리킨다고 생각했다. 또 어떤 사람들은 이 칭호를 '영화로운 주'(glorious Lord)로 옮긴다. 야고보도 이 표현을 사용한다. "내 형제들아 영광의 주 곧 우리 주 예수 그리스도에 대한 믿음을 너희가 가졌으니 사람을 차별하여 대하지 말라"(약 2:1).

피터 데이비스(Peter Davids)는 이렇게 주장한다. "그리스도를 영화롭다고 말하는 것은 그분의 평판이나 명예나 영예를 말하는 것이다."[9] J. A. 모티어(Motyer)는 통찰의 깊이를 더한다. "따라서 영광은 주님이 그분의 모든 선하심과 계시된 성품의 충만함으로 친히 임재하심을 말하는 '단축형'이다. 주 예수 그리스도는 하나님의 영광이다. 자신의 모든 선함과 자신에 관한 충만한 계시로 친히 우리 가운데 오신 하나님이다."[10]

아버지께서 자신의 영광을 아들과 나누시고, 아들은 자신의 영광을 우리와 나누신다. 다락방 강화에서 예수님은 제자들을 위해 아버지께 기도하신다. "내게 주신 영광을 내가 그들에게 주었사오니 이는 우리가 하나가 된 것 같이 그들도 하나가 되게 하려 함이니이다"(요 17:22). 제럴드 보처트(Gerald L. Borchert)는 정확히 말한다. "제자들의 영광은 하나님의 영광에서 비롯되었다고 보아야 한다. 이 영광은 본래 제자들 안에 있던 것이 아니다."[11]

이것은 중재된 영광이다. 예수님은 뒤이어 이렇게 기도하신다. "아버지여 내게 주신 자도 나 있는 곳에 나와 함께 있어 아버지께서 창세 전부터 나를 사랑하시므로 내게 주신 나의 영광을 그들로 보게 하시기를 원하옵나이다"(요 17:24). 실제로 예수님은 자신의 영화로운 재림이 모든 민족에게 심판이 되리라고 보신다. "인자가 자기 영광으로 모든 천사와 함께 올 때에 자기 영광의 보좌에 앉으리니"(마 25:31). 381년 재정된 니케아-콘스탄티노플 신조에서 보듯이, 초기 교회는 이러한 가르침의 중요성을 인식해 이것을 신앙고백에 포함했다.

> 그분은 영광 중에 다시 오셔서
> 살아 있는 자와 죽은 자를 심판하실 것이며
> 그분의 나라는 끝이 없을 것입니다.[12]

종말의 그림은 크레이그 블롬버그(Craig Blomberg)가 제대로 묘사하는 것과 같다. "그것은 웅대함과 장엄함과 권위와 심판의 그림이다."[13]

그렇다면 부활하신 그리스도는 자신의 영광을 자신을 따르는 자들과 어떻게 나누시는가?

성령의 역할

이미 보았듯이 아버지는 영광의 아버지이고 예수님은 영광의 주님이다. 놀랍잖게도, 또한 신약성경에서 보듯이 성령은 영광의 영이다. 베드로는 박해받는 그리스도인들을 생각하며 이렇게 말한다. "너희가 그리스도의 이름으로 치욕을 당하면 복 있는 자로다 영광의 영 곧 하나님의 영이 너희 위에 계심이라"(벧전 4:14). ESV 성경이 영을 "Spirit"이라고 대문자로 쓴 것은 옳다. 웨인 그루뎀(Wayne Grudem)의 주석이 도움이 된다. "**영광의 영**(the spirit, 이 영은 하나님의 영이신 성령이 분명하며, 따라서 NIV, NASB, TEV 성경처럼 'Spirit'으로 표기하는 것이 더 낫다) **곧 하나님의 영이 너희 위에 계심이라**는 복을 주고 힘을 주며 하늘의 영광을 미리 맛보게 하는 특별한 성령 충만을 가리킨다."[14] 스데반 이야기에서 핵심이 잘 드러난다. 순교할 때, 스데반은 성령이 충만하여 하나님의 영광을 보았다(행 7:55).

우리의 영화에서 성령께서 하시는 역할을 사도 바울이 고린도 후서에서 다룬다. 우리가 살펴보아야 할 고린도후서 3장 7-18절은 어려운 단락이며, 주석자들은 이 단락의 의미를 두고 다양한 수준에서 논쟁을 벌인다. 이 단락에서, 바울은 두 직분을 대비한다.

바울은 모세 시대의 '죽음의 직분'에서 시작한다(고후 3:7). 그는 시내산과 돌판에 기록된 십계명을 말하고 있다. 바울은 모세의 얼굴에 나타난 영광 때문에 그의 얼굴을 주목할 수 없었다고 지적한다(고후 3:7). 이 '죽음의 직분'은 "정죄의 직분"이었다(고후 3:9). 바울은 자세히 말하지 않지만, 필시 이스라엘이 율법을 지킬 수 없었고 이 때문에 하나님의 정죄를 마주하고 있었음을 생각했을 것이다. 영광이 사라져 가고 있었기에 모세는 자신의 얼굴을 수건으로 가렸다(고후 3:13). 바울은 자기 시대에 유대인들이 조상들과 똑같이 마음이 완고해졌다고 지적한다. 이를테면, 수건이 이들의 마음을 여전히 가려 영광을 숨겼으며, 오직 그리스도만 이 수건을 제거하실 수 있다(고후 3:14).

그러나 또 다른 직분이 있다. "영의 직분" 곧 "의의 직분"이다(고후 3:8-9). 바울은 **아 포르티오리** 논증(*a fortiori*, "하물며" 논증)을 사용한다. 모세 시대에 영광이 보였다면, 그리스도와 성령의 시대에는 더 큰 영광이 있다(고후 3:9-11). 이 영광은 영원하며 사라지지 않는다. 수건이 벗겨졌다(고후 3:16). 더욱이, 영의 직분과 함께 자유와 변화가 찾아왔다(고후 3:17). 바울은 이렇게 말한다. "우리가 다 수건을 벗은 얼굴로 거울을 보는 것 같이 주의 영광을 보매 그와 같은 형상으로 변화하여 영광에서 영광에 이르니 곧 주의 영으로 말미암음이니라"(고후 3:18). 학자들은 "우리가 다 … 변화하여(are being transformed[현재적 측면]) 영광에서 영광에 이르니"라는 바울의 말이 직선적 진전(예를 들어 스메일과 크루즈의 견해)을 암시하는지 아니면 단순히 변화가 즉각적이고 생생한 경험이라는 주장(예를 들어, 세이프리드의 견해)인지를 두고 논쟁을 벌인다.[15] 내가 보기에, 콜린 크루즈와 토머스 스메일(Thomas Smail)의 견해가 더 설득력 있다. 바울은 우리의 내적 본성이 날마다 새로워질 수 있다고 주장하며(고후 4:16) 이것은 지속되는 현실이다. 그러므로 우리를 변화시키는 성령의 사역도 그렇지 않겠는가?

그러면 이런 변화는 정확히 어떻게 일어나는가? 스메일의 설명이 도움이 된다.

> 따라서 그[신자]가 그리스도를 보고 자신을 그분께 열 때 그가 얻는 지식, 곧 그리스도를 아는 지식은 결코 단지 객관적이고 지적인 지식이 아니라 그를 변화시키는 지식이며, 따라서 그는 자신이 노출된 대상을 투영하기 시작하며 그 모양이 그의 안에서 형성되기 시작한다.[16]

"주의 영광"에 관해서도 스메일은 "여기서 영광은 주 예수 그리스도의 계시된 인격과 성품과 사역과 능력을 의미한다"고 주장하는데,[17] 그의 주장이 옳다. 실제로 바울은 뒤이어 하나님의 영광이 예수 그리스도의 얼굴에 있다고 주장한다(고후 4:6).

분명 영화 과정은 고린도후서 3장 18절이 보여 주듯이 지금 시작되며, 영광에서 영광으로 이어진다. 그리스도의 영이 변화의 주체다.

삼위일체의 사역

삼위일체의 각 위격이 구분되지만 분리될 수 없는 방식으로 모든 신적 행위에 참여한다는 것은 삼위일체 신학의 기본이다.[18] 구원 계획의 큰 그림에서 볼 때, 아버지는 설계자이고 아들은 성취자이며 성령은 적용자다. 바울은 데살로니가후서에서 영광을 언급하면서 삼위일체적 사고의 좋은 예를 제시한다.

> 주께서 사랑하시는 형제들아 우리가 항상 너희에 관하여 마땅히 하나님께 감사할 것은 하나님이 처음부터 너희를 택하사 성령의 거룩하게 하심과 진리를 믿음으로 구원을 받게 하심이니 이를 위하여 우리의 복음으로 너희를 부르사 우리 주 예수 그리스도의 영광을 얻게 하려 하심이니라(살후 2:13-14)

우리가 우리 주 예수 그리스도의 영광을 얻게 하는 것이 삼위일체, 곧 아버지와 아들과 성령의 사역이다. 아버지께서 우리를 선택하시고, 아들이 우리를 사랑하시며, 성령께서 우리를 성화시키신다.

영화의 두 역설

영화와 그리스도를 따르는 우리의 경험에 관해 생각해 볼 두 역설이 있다. 첫째 역설은 외적인 것과 내적인 것에 관한 것이다. 앞서 보았듯이, 사도 바울은 영화가 지금 여기서 시작된다고, 한 단계의 영광에서 그다음 단계의 영광으로 이어진다고 생각했다 (고후 3:18). 이것은 눈으로 보는 것의 문제가 아니라 믿음의 문제다. 나는 더 이상 젊은이가 아니다. 나를 본다는 것은 나를 영화로운 존재로 본다는 것이 아니다.

바울은 역설의 진리를 알았고 그리스도인에게 격려가 필요하다는 것을 알았다. 그는 고린도 신자들에게 이렇게 썼다. "그러므로 우리가 낙심하지 아니하노니 우리의 겉사람은 낡아지나 우리의 속사람은 날로 새로워지도다"(고후 4:16). 그러나 바울은 영원의 빛 가운데 살았고, 그래서 뒤이어 이렇게 썼다. "우리가 잠시 받는 환난의 경한 것이 지극히 크고 영원한 영광의 중한 것을 우리에게 이루게 함이니 우리가 주목하는 것은 보이는 것이 아니요 보이지 않는 것이니 보이는 것은 잠깐이요 보이지 않는 것은 영원함이라"(고후 4:17-18).

할리우드 세트 디자이너 베켓 쿡(Becket Cook)은 게이 무신론자에서 신실한 그리스도 따름이로 바뀌는 극적 회심을 경험했다. 그는 여전히 동성애 감정과 씨름하지만, 그에게 영원한 영광의 중한 것을 향한 소망은 채우지 않길 잘한 욕망을 보상하고도 남는다. 그는 이렇게 썼다. "이 구절[고후 4:17-18]은 내가 유혹과 싸울 때마다 영혼에 위안을 줍니다(지금도 다르지 않습니다!). … 영원한 영광의 중한 것을 헤아리기 어렵지만, 저는 이것이 땅의 그 어떤 덧없는 즐거움보다 무한히 더 만족스럽다는 것을 압니다."[19]

둘째 역설은 우리가 한 단계의 영광에서 다음 단계의 영광으로 변화될 수 있더라도 그와 동시에 큰 고난을 겪을 수도 있다는 것이다. 사실 영광에 이르는 길은 그리스도형(Christomorphic), 즉 그리스도의 모양을 하고 있다. 그리스도께서 인자로서 고난을 받은 후 자신의 영광에 들어가셨고, 제자들에게 그들도 고난을 받으리라 경고하셨다. 다락방에서 그분은 분명하게 말씀하셨다. "내가 너희에게 종이 주인보다 더 크지 못하다 한 말을 기억하라 사람들이 나를 박해하였은즉 너희도 박해할 것이요 내 말을 지켰은즉 너희 말도 지킬 것이라"(요 15:20).

베드로 사도는 스승이 하신 말씀의 핵심을 이해했다. "모든 은

혜의 하나님 곧 그리스도 안에서 너희를 부르사 자기의 영원한 영광에 들어가게 하신 이가 잠깐 고난을 당한 너희를 친히 온전하게 하시며 굳건하게 하시며 강하게 하시며 터를 견고하게 하시리라"(벧전 5:10).

이 길을 걷는 신자의 대표적인 예가 사도 바울이며, 그가 그리스도를 따르며 치른 개인적 대가가 그의 서신들 중 고린도후서에서 가장 잘 나타난다. 놀랍게도, 바울은 어느 시점에서 얼마나 절망했던지 살 희망마저 잃었다. 그는 이렇게 썼다. "형제들아 우리가 아시아에서 당한 환난을 너희가 모르기를 원하지 아니하노니 힘에 겹도록 심한 고난을 당하여 살 소망까지 끊어지고 우리는 우리 자신이 사형 선고를 받은 줄 알았으니"(고후 1:8-9). 그렇더라도, 믿음의 사람 바울은 이러한 경험이 주는 교훈을 깨달았다. "이는 우리로 자기를 의지하지 말고 오직 죽은 자를 다시 살리시는 하나님만 의지하게 하심이라"(고후 1:9). 같은 서신 뒷부분에서, 바울은 사도로서 어떤 고난을 받았는지 좀 더 구체적으로 묘사한다. 그의 목적은 고린도 신자들을 괴롭히는 자들의 주장, 곧 자신들이 바울보다 우월하다는 선생들의 주장을 무너뜨리는 것이다.

> 나는 우리가 약한 것 같이 욕되게 말하노라 그러나 누가 무슨 일에 담대하면 어리석은 말이나마 나도 담대하리라 그들이 히브리인이냐 나도 그러하며 그들이 이스라엘인이냐 나도 그러하며 그

들이 아브라함의 후손이냐 나도 그러하며 그들이 그리스도의 일꾼이냐 정신없는 말을 하거니와 나는 더욱 그러하도다 내가 수고를 넘치도록 하고 옥에 갇히기도 더 많이 하고 매도 수없이 맞고 여러 번 죽을 뻔하였으니 유대인들에게 사십에서 하나 감한 매를 다섯 번 맞았으며 세 번 태장으로 맞고 한 번 돌로 맞고 세 번 파선하고 일 주야를 깊은 바다에서 지냈으며 여러 번 여행하면서 강의 위험과 강도의 위험과 동족의 위험과 이방인의 위험과 시내의 위험과 광야의 위험과 바다의 위험과 거짓 형제 중의 위험을 당하고 또 수고하며 애쓰고 여러 번 자지 못하고 주리며 목마르고 여러 번 굶고 춥고 헐벗었노라 이 외의 일은 고사하고 아직도 날마다 내 속에 눌리는 일이 있으니 곧 모든 교회를 위하여 염려하는 것이라(고후 11:21-28)

그러나 바울은 같은 서신에서 이렇게도 쓸 수 있었다.

그러므로 우리가 낙심하지 아니하노니 우리의 겉사람은 낡아지나 우리의 속사람은 날로 새로워지도다 우리가 잠시 받는 환난의 경한 것이 지극히 크고 영원한 영광의 중한 것을 우리에게 이루게 함이니 우리가 주목하는 것은 보이는 것이 아니요 보이지 않는 것이니 보이는 것은 잠깐이요 보이지 않는 것은 영원함이라(고후 4:16-18)

이 둘째 역설을 고려할 때, 진정한 제자도에 폴리아나주의 (Pollyannaism)[20]를 위한 자리는 없다. 번영 복음의 가르침은 폴리아나주의와 흡사하다. 왕의 아이들은 일등석을 탄다는 말을 들었다. 정말일까? 세례 요한은 감옥에 갇혔다가 목이 잘렸고(막 6:14-29), 예수님은 십자가에서 잔혹하게 처형되어 죽으셨으며(막 15:21-39), 바울은 사도로서 극한 고난을 겪었다(고후 12:1-10). 우리 앞에 영원한 영광의 중한 것이 있으나 핵심은 '앞에'다. 성경이 약속하는 것 이상을 기대한다면, 그렇지 않은데도 마치 지금 천국에 있는 것처럼 과대 실현된 종말론(over-realized eschatology)에 빠지는 것이다.

기대, 과정, 섬김

미래의 영광을 기대하는 것이 신자들이 현재에 소홀하게 하는 것은 아니다. 마르크스는 성경에 관한 견고한 믿음을 잘못 이해했다. 그러나 그가 주변에서 보았던 문화적 기독교에 대해 가졌던 이해는 옳았던 것 같다. 고린도후서에서 보듯이, 우리는 과정 중에 있는 사람이다. 바울은 이 문제에 관해 다시 한번 길을 제시한다. 그는 골로새서 3장 1-4절에서 이렇게 주장한다.

그러므로 너희가 그리스도와 함께 다시 살리심을 받았으면 위의 것을 찾으라 거기는 그리스도께서 하나님 우편에 앉아 계시느니라 위의 것을 생각하고 땅의 것을 생각하지 말라 이는 너희가 죽었고 너희 생명이 그리스도와 함께 하나님 안에 감추어졌음이라 우리 생명이신 그리스도께서 나타나실 그 때에 너희도 그와 함께 영광 중에 나타나리라

바울은 하늘의 실재를 골로새 신자들 앞에 분명하게 제시하는데, 동사 '찾다'(seek, 골 3:1)와 '하다'(set, 고정하다, 골 3:2)가 중요하다. 바울의 논거는 우리와 그리스도의 연합이다. 어떤 의미에서 우리는 그리스도와 함께 죽었고 이제 그분 안에서 살기 때문이다(골 3:3). 그리스도와 함께 영광을 누릴 것이라는 기대는 당연히 귀결되는 약속이다(골 3:4). 이 모든 것이 마르크스가 옳았음을 암시하는 것처럼 보일는지 모른다.

그러나 바울은 옷 입기의 은유를 사용해 주장을 이어 간다. 그러면서 위의 것을 찾고 위의 것을 생각하면 그 영향이 현세의 삶에 미친다는 것을 보여 준다. 더글러스 무(Douglas Moo)의 주석이 정확하다. "신자들은 날마다 의도적으로 천국 가치관에 집중하고 이러한 가치관을 살아 냄으로써 '위의 것을 찾는다.'"[21] 그런데 이런 일이 정확히 어떻게 이루어지는가? 옛 사람과 그 죄악된 행위를 옷 벗듯 벗어야 한다(골 3:9). 바울은 죄악의 목록을 길게 제

시한다(골 3:5-9). 음란, 부정, 사욕, 악한 정욕, 탐심, 분함, 노여움, 악의, 비방, 부끄러운 말이다. 긍정적으로 말하면, 골로새 신자들은 새 옷, 곧 긍휼, 자비, 겸손, 온유, 오래 참음, 무엇보다도 사랑 같은 경건의 덕목을 입어야 한다(골 3:12-14). 중요하게도, 바울은 이러한 벗음과 입음이 천상의 차원과 기대에서 비롯된다고 주장한다. 핵심 단어는 골로새서 3장 5절의 "그러므로"[oun, 오운]다. "그러므로[오운] 땅에 있는 지체를 죽이라." 바울은 골로새서 3장 12절에서 경건의 덕목들에 눈을 돌리면서 이 단어를 다시 사용한다. "그러므로[오운] 너희는 하나님이 택하사 거룩하고 사랑받는 자처럼 긍휼과 자비와 겸손과 온유와 오래 참음을 옷 입고." 이는 바울이 생각하기에 골로새서 3장 1-4절은 이후 이어지는 부분과 논리적으로 연결됨을 보여 준다.

영광의 기대는 아편이 아니다. 마르크스가 틀렸다.

우리가 우리의 영화에서 그 어떤 역할이라도 하는가?

분명히 말하건대 우리는 우리의 영화에서 적극적 역할을 하지 않는다. 영화는 하나님의 일이지 하나님과 우리의 공동 작업으로 보이지 않는다. 토머스 스메일의 말이 옳다. "[고후 3:18을 가리키며] 이러한 변화는 우리가 하는 것이 아니라 우리가 믿음으로 자신을 주님께 열 때 언제나 우리에게 일어나는 것이다."[22] 모든 사람이 여기에 동의하지는 않는다. 데이비드 갈런드(David E. Garland)는 고린도후서 3장 18절을 주석하며 이렇게 주장한다.

> 성령은 우리에게 강제로 임하시지 않으며, 그리스도인들은 성령의 역사로 우리의 삶이 근본적으로 변화될 수 있도록 영적 훈련을 해야 한다. 하나님의 성령은 우리에게 능력을 주어 우리가 하고 싶은 일을 하게 하시며, 우리가 자연스럽게 그리스도를 닮도록 우리가 하고 싶은 일이 옳은 일이 되게 하신다.[23]

폴 바넷(Paul Barnett)은 18절을 설명할 때 갈런드와 생각이 같다. "우리는 교회 구성원이 됨으로써, 그리고 직접 성경을 읽고 기도함으로써 스스로를 복음의 역사 아래 두어야 한다."[24]

그러나 성경의 증언을 정확히 알려면 영화 개념을 두 개념과 구분해야 한다. 갈런드와 바넷은 그러지 못했다. 영화를 점진적 성화와 구분해야 하고 완전한 성화와도 구분해야 한다. 점진적 성화(progressive sanctification)란 우리가 그리스도처럼 되는 과정을 말한다. 이것은 성령의 역할과 우리 자신의 역할을 포함하는 공동 작업이다(참조, 빌 2:12-13; 살전 4:1-8). 내가 보기에 점진적 성화와 관련해 갈런드와 바넷의 통찰은 매우 유익하다. 그러나 나는 고린도후서 3장 18절이 점진적 성화에 관한 구절이라고 믿지 않는다. 완전한 성화(complete sanctification)란 하나님이 우리를 그분이 보기에 흠 없게 하신다는 종말론적 기대를 가리킨다. 바울은 이렇게 말한다. "평강의 하나님이 친히 너희를 온전히 거룩하게 하시고(sanctify you completely) 또 너희의 온 영과 혼과 몸이 우리 주 예수 그리스도께서 강림하실 때에 흠 없게 보전되기를 원하노라"(살전 5:23). 우리의 영화처럼, 이것은 하나님의 일이다. "너희를 부르시는 이는 미쁘시니 그가 또한 이루시리라"(살전 5:24).

보는 것의 문제가 아니라 믿음의 문제다

앞서 보았듯이, 우리는 현세에서 단계별로 영화로워진다. 우리의 영화는 명확하지 않다. 보는 것의 문제가 아니라 믿음의 문제다. 알리스터 맥그래스(Alister McGrath)가 마르틴 루터의 십자가 신학에 관해서 했던 말이 우리의 주제에 적합하다. 맥그래스는 루터의 이해에 따르면, 하나님은 구원하려고 십자가에서 일하셨으나 그분의 임재와 사역은 겉으로 드러나지 않았다고 지적한다. 하나님의 임재와 사역은 숨겨져 있었으나 실재였다.[25] 마찬가지로, 하나님이 우리를 용서하시는 일도 드러나지 않고 숨겨져 있다. 우리는 보는 것으로 행하지 않고 믿음으로 행한다.[26] 그래서 바울은 우리가 한 단계의 영광에서 다음 단계의 영광으로 변화되고 있다고 말할 수 있었다(고후 3:18). 그러나 그는 같은 서신에서 우리의 겉사람이 낡아지나 우리의 속사람은 날로 새로워진다고도 말할 수 있었다(고후 4:16-18).

결론

우리의 영화는 삼위일체의 사역이다. 우리의 영화는 두 측면이 있다. 첫째 측면은 지금 여기서 시작되며, 하나의 과정이다. 둘째 측면은 하나의 사건이다. 그리스도처럼 영화로운 존재로 최종 변화되는 것이다.

그러나 냉정하게 말하면, 그리스도는 고난을 받은 후에 영광에 들어가셨다. 오늘날 많은 그리스도인이 고난을 아주 많이 겪는다. 세상 곳곳에서, 그리스도인은 으레 박해받고 죽임을 당하기까지 한다. 나이지리아 신학생과 파키스탄 신학생이 나누었던 대화가 생각난다. 나는 듣기만 했다(나는 이들의 교수였다). 이들은 졸업을 앞두고 각자의 미래를 말하고 있었다. 나이지리아 학생은 무슬림들에게 두들겨 맞을 거라 했고, 파키스탄 학생은 그리스도를 믿기 때문에 죽임을 당할 거라 했다.

덧붙임: 주님은 영이다

바울은 고린도후서 3장 18절에서 "이것은 영이신 주님에게서 비롯된다"("This comes from the Lord who is the Spirit", ESV. 새번역은 "이것은 영이신 주님께서 하시는 일입니다"라고 옮겼고, 개역개정은 "주의 영으로 말미암음이니라"라고 옮겼다*)고 단언하는데, 이 단언은 깊은 신학적 질문들을 불러일으킨다. 바울은 삼위일체의 둘째 위격과 셋째 위격을 한 위격으로 통합하는가? 어떤 사람들은 그렇다고 주장한다. 예를 들어, 신학자 헨드리쿠스 벌코프(Hendrikus Berkhof)는 18절을 근거로 부활하신 그리스도께서 성령이 되셨다고 주장한다. "성령의 사역이 승귀하신 그리스도 자신의 사역으로 자주 제시된다. … 부활에서, 그리스도는 '살려 주는 영'(life-giving Spirit)이 되며, 그러므로 우리를 고아와 같이 버려두지 않고 다시 우리에게 오신다."[27] 이러한 움직임의 신학적 대가는 아주 크다. 본질적 삼위일체 교리가 사라지고 양태론(modalism)의 한 형태가 그 자리를 대신한다(양태론은 하나님이 삼위일체로 보일 뿐이며, 사실 아버지와 아들과 성령은 하나이며 동일한 하나님인데 역사에서 잇달아 서로 다른 세 양태로 나타날 뿐이라고 주장한다). 변호할 수 있는 입장인가? 고린도후서가 끝나는 방식을 볼 때, 변호하기 어렵다.

고린도후서 13장 13절은 이렇게 말한다. "주 예수 그리스도의 은혜와 하나님의 사랑과 성령의 교통하심이 너희 무리와 함께 있을지어다." 바울은 삼위일체의 위격을 분명하게 구분하며 하나로 통합하지 않는다.[28] 이 구절은 고린도후서 3장 18절에 대한 그 어떤 이위일체적(binitarian) 해석도 배제한다(또는 이 부분에서 양태론적 해석도 배제한다). 폴 바넷은 이위일체적 해석을 이렇게 설명한다. "그[바울]의 말은 주 예수와 성령이 하나이며 동일한 위격이라는 뜻인가? 그는 신성에 세 위격이 아니라 두 위격(아버지와 주=성령)이 있음을 암시하는가?" 바넷은 정확히 답한다. "이 서신의 끝에 나오는 유명한 삼중적 '은혜'는 이위일체 교리가 아니라 삼위일체 교리를 결정적으로 뒷받침한다."[29]

4

영화, 그 기대

오래전, 부검을 참관했다. 먹먹했다. 부검대에 놓인 사람은 내 또래로 스물다섯 정도였다. 그는 강한 경찰관이었다. 이런 경험을 하면 생각하게 된다. 이 사람은 죽음 이후의 삶에 대한 그 어떤 희망이 있었을까? 아니면 육체의 죽음이 대단원의 막이고 쇼의 끝이라고 생각했을까?

성경은 우리에게 조금의 의심도 남기지 않는다. 바울이 고린도 신자들에게 썼듯이, "그리스도께서 죽은 자 가운데서 다시 살아나사 잠자는 자들의 첫 열매가 되셨도다"(고전 15:20). 소망은 그리스도인의 삶에 매우 중요하다.

우리의 종말론적 지평은 세속주의자의 지평과 전혀 다르다. 앤서니 티슬턴(Anthony Thiselton)의 주장이 옳다. "우리의 소망과 확신은 죽음을 극복하고 불멸의 존재가 되는 인간의 능력에 근거할 수 없다. 우리의 확신은 전적으로 **하나님의 약속**, 곧 부활과 새 창조의 약속에 기초한다. 여기서 모든 것은 자기 의존이 아니라 **하나님을 향한 신뢰**에 달렸다."[1] 우리의 기대는 새 하늘과 새 땅이다. 신음하는 피조물이 새 하늘과 새 땅을 갈망하며, 새 하늘과 새 땅이 도래할 때 하나님의 자녀들이 누릴 영화로운 자유가 드러난다(롬 8:18-25). 도래할 영광의 영역에 들어가려면 우리의 몸이 변화되어(고전 15:35-38) 그리스도의 영화로운 몸처럼 되어야 한다(빌 3:20-21).

이 장에서는 영화롭게 된 몸(glorified body)이라는 개념뿐 아니라 언제 이 몸을 받는지에 관한 질문도 살펴보겠다. 영화로운 몸을 죽을 때 받는가, 아니면 역사의 끝에 받는가? 우리의 점진적 성화는 영화에서 완성된다(살전 5:23). 그러므로 우리는 영광의 소망이 있다(골 1:27). 이 소망은 "영원한 영광의 중한 것"이다(고후 4:16-17). 앞의 한 장에서 그리스도의 영광을 살펴보았으나 이 장에서는 그리스도의 영화와 우리의 영화에 주목하겠다.

기독론적 패러다임

앞서 말했듯이, 그리스도의 부활과 영화는 우리 자신의 부활과 영화에 대한 기대와 밀접하게 연결된다. 그리스도는 첫 열매다. 다시 말해, 그리스도께서 추수를 시작하신다. 그리스도의 부활은 우리 자신의 부활을 보장한다. 그러므로 이런 질문이 생긴다. 성경은 그리스도의 영화에 관해 무엇을 말하는가?[2] 간단히 말해, 성경의 증언은 세 단계를 말한다.

1단계: 십자가

십자가형은 더없이 끔찍한 처형 방식이었다. 얼마나 끔찍했던지 로마 시민들은 십자가형을 면제받았다.[3] 그러나 예수님은 우리를 위해 십자가형을 당하셨다. 따라서 예수님이 십자가를 자신의 영화를 위한 사선으로 보셨다는 것은 놀랍다. 예수님은 당시 자주 집행되었던 십자가형에 관한 기존 이해를 뒤집으셨다.

특히 요한복음은 그리스도의 영화의 첫 단계에 대한 통찰을 제시한다. 요한복음 1장 14절은 제자들이 그리스도의 영광을 보았다고 말하지만, 요한복음 7장 39절은 예수님이 아직 영화롭게 되지 않으셨다("예수께서 아직 영광을 받지 않으셨으므로")고 말한다. 전자에 관련해, 예수님의 영광이 그분이 행하신 이적들에서 드러났다. 이를테면 요한복음 2장 11절은 예수님이 가나에서 물이 포도주가 되게 하셨다고 말한다. 그러나 미래의 영화에 관련해, 요한은 아직 성령이 임하지 않았다고 말한다. 성령이 임하심은 예수님의 영화에 달렸기 때문이다. 오순절은 몇 년 후였다.

더욱이 요한은 예수님의 영화를 특정 시간의 사건과 연결하는데, 예수님은 이 시간을 "내 때"(my time)라고 하셨다. 가나의 혼인 잔치에서, 예수님은 그때가 아직 이르지 않았다고 하셨다(요 2:4). 그때가 아직 이르지 않았다는 것이 두 번 더 드러날 터였다. 나중에, 초막절에 예수님이 성전에서 가르치고 계실 때 당국자들이 그분을 체포하려고 사람들을 보냈으나 그분의 때가 아직 이르지 않았다(요 7:30). 요한은 그분의 때가 아직 이르지 않았기에 예수님이 체포되지 않으셨다고 다시 한번 분명하게 말한다(요 8:20). 나중에 다시, 유월절에 예수님은 자신의 때와 자신의 죽음과 자신의 영화를 분명하게 연결하셨다. "예수께서 대답하여 이르시되 인자가 영광을 얻을 때가 왔도다 내가 진실로 진실로 너희에게 이르노니 한 알의 밀이 땅에 떨어져 죽지 아니하면 한 알 그대로 있고 죽으면 많은 열매를 맺느니라"(요 12:23-24). 뒤이어 예수님이 다락방에서 제자들의 발을 씻어 주시는 장면에서, 요한은 독자에게 예수님이 자신의 때가 이르렀음을 아셨다는 것을 다시 한번 알려 준다(요 13:1).

예수님의 말씀은 난해하지만, 그분이 자신이 배신당할 것과 십자가에 달릴 것을 염두에 두고 계셨던 것은 분명하다(요 13:11). 리처드 보컴은 요한복음에서 "내러티브가 예수의 '시간'을 향해 가차 없이 움직인다"고 말한다.[4] 보컴은 또한 우리가 어떻게 십자가형처럼 끔찍한 사건이 영광의 견지에서 묘사될 수 있는지 이해할 수 있게 돕는다. 그는 요한 신학에서 영광은 "하나님의 성품의 가시적 계시"라고 주장한다."[5] 이러한 관점에서 보면, 세상을 너무나 사랑해 자신의 독생자를 주신 하나님의 사랑이 십자가에서 드러난다(요 3:16). 보컴은 이렇게 말한다. "십자가는 하나님의 사랑을 가장 잘 구현할 뿐 아니라 하나님의 영광을, 그분이 누구인지를 가장 잘 계시한다."[6]

십자가는 그리스도께서 영화롭게 되신 사건이자 하늘에 계신 자신의 아버지를 영화롭게 하신 사건이다. "그[배신자 유다]가 나간 후에 예수께서 이르시되 지금 인자가 영광을 받았고 하나님도 인자로 말미암아 영광을 받으셨도다"(요 13:31). 아버지께 기도하실 때, 예수님은 자신이 아버지를 영화롭게 하심과 아버지께서 자신을 영화롭게 하심을 자신의 때가 이르렀다는 견지에서 연결하셨다. "예수께서 이 말씀을 하시고 눈을 들어 하늘을 우러러 이르시되 아버지여 때가 이르렀사오니 아들을 영화롭게 하사 아들로 아버지를 영화롭게 하게 하옵소서"(요 17:1). 버나드 램은 이렇게 주석한다. "신약성경은 십자가를 아버지께서 아들을 영화롭게 하시고 아들이 늘 아버지의 뜻에 순종함으로써 아버지를 영화롭게 하며 이로써 아버지의 일을 성취하시는 사건으로 제시한다."[7]

2단계: 부활

부활 후, 예수님은 제자들에게 여러 차례 나타나셨다. 그분의 영광은 아직 명료하지 않았다. 예를 들어, 마리아는 동산에서 그분을 알아보지 못했다. 마리아는 자신이 동산지기와 대화하고 있다고 생각했다(요 20:15). 예수님은 자신이 변화의 과정에 있음을 분명히 하셨다. "예수께서 이르시되 나를 붙들지 말라 내가 아직 아버지께로 올라가지 아니하였노라 너는 내 형제들에게 가서 이르되 내가 내 아버지 곧 너희 아버지, 내 하나님 곧 너희 하나님께로 올라간다 하라 하시니"(요 20:17).

엠마오로 가는 길에, 두 제자는 중간에 합류한 사람이 누군지 알아채지 못했다. "그들이 서로 이야기하며 문의할 때에 예수께서 가까이 이르러 그들과 동행하시나 그들의 눈이 가리어져서 그인 줄 알아보지 못하거늘"(눅 24:15-16). 이들은 예수님이 자신들과 함께 떡을 떼실 때에야 그분을 알아보았다(눅 24:30-31). 이들은 예수님이 떡을 떼는 방식에서 그분이 누군지 알아차렸다.

예수님의 부활체는 달랐다. 제자들이 문을 닫아 잠근 채 숨어 있는 방에 불쑥 나타나셨을 때처럼(요 20:19), 예수님은 벽을 통과하실 수 있었다. 그러나 예수님의 부활체와 부활 이전의 몸 사이에 연속성이 있었다. 도마가 극적인 방식으로 확인했듯이, 예수님의 부활체에는 십자가형의 흉터가 고스란히 남아 있었다(요 20:24-27). 다른 제자들도 같은 교훈을 배워야 했다. 누가는 부활하신 그리스도가 영이라 생각하고 놀랐던 제자들의 이야기를 들려준다. 예수님은 흉터 있는 몸을 보여 주며 제자들에게 자신이 영이 아님을 확인시켜 주셨다(눅 24:36-37). 예수님은 영은 살과 뼈가 없다고 하셨다(눅 24:39). 예수님은 제자들과 식사까지 하셨다(눅 24:41-42; 행 10:40-41).[8] 십자가형의 흉터는 그리스도의 부활체에 결점이 있었다는 뜻이 아니다. 토마스 아퀴나스가 주장했듯이, "그리스도의 몸에 남은 흉터는 그분의 능력을 보여 주는 전리품이며, 따라서 부패나 결함이 아니라 더 큰 영광과 관련이 있다. 상처로 훙진 부분에서 특별한 아름다움이 나타날 것이다."[9]

3단계: 승천

예수님은 지금 아버지 오른편에 계신다. 그분은 영화로운 모습이다. 요한이 밧모섬에서 본 환상에서, 하늘에 계신 그리스도가 얼마나 영화로우셨던지 요한은 놀라운 그리스도의 모습을 표현하려다가 언어의 한계를 느낀다. "그의 머리와 털의 희기가 흰 양털 같고 눈 같으며 그의 눈은 불꽃 같고 그의 발은 풀무불에 단련한 빛난 주석 같고 그의 음성은 많은 물 소리와 같으며"(계 1:14-15). 요한이 이 광경에 압도된 것은 거의 놀랍지 않다. "내가 볼 때에 그의 발 앞에 엎드러져 죽은 자 같이 되매"(계 1:17).

바울은 빌립보 신자들에게 우리의 몸이 그리스도의 영화로운 몸처럼 변화되리라고 가르쳤다(빌 3:21). 우리가 참으로 그리스도의 몸을 이루는 지체라면, 그리스도의 인성에 생명을 주셨고(animated) 추측건대 지금도 그렇게 하시는 동일한 성령께서 우리에게도 그렇게 하신다면, 우리는 여기에 놀라지 말아야 한다. 바울에 따르면, 그리스도의 인성이 뒤에 남겨진 것이 아니기 때문이다. 바울은 아테네 사람들에게 하나님이 세상을 심판하실 자를 지명하셨다고 했다(행 17:30-31). 승천하신 그리스도는 참으로 하나님이실 뿐 아니라 여전히 참으로 사람이시다.

우리의 존재론적 기대

존재론(ontology)은 존재와 관련이 있다. 우리의 존재론적 기대는 우리의 미래 존재와 관련이 있다. 사도 바울은 부활과 관련해 고린도 교회에 영향을 미치고 있던 이상한 개념들을 다루면서 존재론적 기대를 생각해야 했다. 고린도 교회에서 어떤 사람들은 그리스도의 부활을 부정했고, 어떤 사람들은 죽은 자를 위해 세례를 받기까지 했다(고전 15:12, 29). 바울은 있을 법한 질문을 제시하고 스스로 답했다. 그러면서 신자들의 존재론적 기대(미래)를 가장 성경적으로 설명했다(고전 15:35-59).

첫째 질문: "누가 묻기를 죽은 자들이 어떻게 다시 살아나며 어떠한 몸으로 오느냐 하리니"(고전 15:35). 바울의 첫 대답은 단호하

다. "어리석은 자여"(고전 15:36). 그러나 바울은 여기서 그치지 않는다. 그는 관찰할 수 있는 세상으로 눈을 돌려 논증을 시작한다. "네가 뿌리는 씨가 죽지 않으면 살아나지 못하겠고 또 네가 뿌리는 것은 장래의 형체를 뿌리는 것이 아니요 다만 밀이나 다른 것의 알맹이 뿐이로되"(고전 15:36-37). 그는 식물의 세계에서 멈추지 않는다. 논증을 이어 간다. "하나님이 그 뜻대로 그에게 형체를 주시되 각 종자에게 그 형체를 주시느니라 육체는 다 같은 육체가 아니니 하나는 사람의 육체요 하나는 짐승의 육체요 하나는 새의 육체요 하나는 물고기의 육체라"(고전 15:38-39).

다음으로, 바울은 범위를 넓혀 영광을 말한다. "하늘에 속한 형체도 있고 땅에 속한 형체도 있으나 하늘에 속한 것의 영광이 따로 있고 땅에 속한 것의 영광이 따로 있으니 해의 영광이 다르고 달의 영광이 다르며 별의 영광도 다른데 별과 별의 영광이 다르도다"(고전 15:40-41). 이 시점에서 고린도 신자들은 바울의 논증이 어디로 향하는지 의아했을 것이다. 핵심이 곧 드러난다.

> 죽은 자의 부활도 그와 같으니 썩을 것으로 심고 썩지 아니할 것으로 다시 살아나며 욕된 것으로 심고 영광스러운 것으로 다시 살아나며 약한 것으로 심고 강한 것으로 다시 살아나며 육의 몸으로 심고 신령한 몸으로 다시 살아나나니 육의 몸이 있은즉 또 영의 몸도 있느니라(고전 15:42-44).[10]

바울은 부활 논증을 성경과 기독론과 인간론의 관점에서 전개한다(고전 15:45-49). 그는 창세기 내러티브를 토대로 삼는다. "기록된 바 첫 사람 아담은 생령이 되었다 함과 같이 마지막 아담은 살려 주는 영이 되었나니"(고전 15:45; 참조. 창 2:7). 바울은 구속사 내러티브의 흐름을 따른다. "그러나 먼저는 신령한 사람이 아니요 육의 사람이요 그 다음에 신령한 사람이니라 첫 사람은 땅에서 났으니 흙에 속한 자이거니와 둘째 사람은 하늘에서 나셨느니라"(고전 15:46-47). 뒤이어, 그는 우리를 그림 속으로 데리고 들어간다. "무릇 흙에 속한 자들은 저 흙에 속한 자와 같고 무릇 하늘에 속한 자들은 저 하늘에 속한 이와 같으니 우리가 흙에 속한 자의 형상을 입은 것 같이 또한 하늘에 속한 이의 형상을 입으리라"(고전 15:48-49). 그는 종합적으로 사고한다. 그는 어떻게 하나로 엮어야 하는지 알며, 이렇게 하면서 우리의 운명이 그리스도의 운명과 엮여 있음을 분명히 한다.

정확히 언제 이 모든 일이 일어나겠는가? 고린도 신자들은 틀림없이 이 질문을 마음에 품고 있었을 것이다. 고린도 신자들 중 주의 만찬을 오용해 이미 죽은 사람들도 있었기 때문이다(고전 11:30, "죽은 사람도 적지 않습니다." 새번역*). 더욱이 고린도 신자들 중 죽은 자를 위해 세례를 받는 사람들까지 있었는데, 이에 관한 질문도 있었을 것이다(고전 15:29). 바울은 원칙을 제시한다. "형제들아 내가 이것을 말하노니 혈과 육은 하나님 나라를 이어 받을 수 없고 또한 썩는 것은 썩지 아니하는 것을 유업으로 받지 못하느니라"(고전 15:50). 그는 뒤이어 비밀(신비)에 호소한다. 바울에게 비밀이란 무시무시한 것이 아니라 하나님의 계획에서 숨겨져 있었으나 이제 나타난 어떤 요소였다. "보라 내가 너희에게 비밀을 말하노니 우리가 다 잠 잘 것이 아니요 마지막 나팔에 순식간에 홀연히 다 변화되리니 나팔 소리가 나매 죽은 자들이 썩지 아니할 것으로 다시 살아나고 우리도 변화되리라"(고전 15:51-52). 어떤 종류의 변화인가? 바울은 이렇게 말한다.

> 이 썩을 것이 반드시 썩지 아니할 것을 입겠고 이 죽을 것이 죽지 아니함을 입으리로다 이 썩을 것이 썩지 아니함을 입고 이 죽을 것이 죽지 아니함을 입을 때에는 사망을 삼키고 이기리라고 기록된 말씀이 이루어지리라
>
> > 사망아 너의 승리가 어디 있느냐
> > 사망아 네가 쏘는 것이 어디 있느냐
>
> 사망이 쏘는 것은 죄요 죄의 권능은 율법이라 우리 주 예수 그리스도로 말미암아 우리에게 승리를 주시는 하나님께 감사하노니
>
> (고전 15:53-57)

그래서?

바울은 목회자였다. 그는 진리를 적용하지 않을 수 없었다. 15장 끝에서 바울은 자신의 논증에 내포된 논리적 의미를 끌어낸다. "그러므로 내 사랑하는 형제들아 견실하며 흔들리지 말고 항상 주의 일에 더욱 힘쓰는 자들이 되라 이는 너희 수고가 주 안에서 헛되지 않은 줄 앎이라"(고전 15:58). 바울은 특정한 목회 상황에서 책임 있는 적용이 어떤 것인지 보여 준다. 부활이 없으면 소망도 없다. 그는 이사야 22장 13절을 인용함으로써 이것을 이미 분명히 했다. "내가 사람의 방법으로 에베소에서 맹수와 더불어 싸웠다면 내게 무슨 유익이 있으리요 죽은 자가 다시 살아나지 못한다면 내일 죽을 터이니 먹고 마시자 하리라"(고전 15:32). 이러한 비관주의는 바울이 이 서신을 쓰던 당시에 팽배했던 에피쿠로스 철학과 일치했다.[11]

그러나 그리스도께서 부활하심으로써, 우리 자신이 변화되리라는 소망이 생겼다.

언제?

전통적 신학은 신자가 죽으면 중간 상태에 들어가 몸을 벗은 영(disembodied spirit)으로서 모든 몸이 부활할 때를 기다린다고 본다.[12] 머리 해리스는 이러한 전통적 견해를 정확히 말한다.

'중간 상태'(intermediate state)라는 표현은 성경에 없지만, 기독교 신학에서는 전통적으로 모든 인간이 죽음과 부활 사이에 존재하는 상태를 가리키거나 (초기 관점에서 보면) 개인의 죽음과 역사의 완성 사이에서 경과하는 기간을 가리킨다. 이 상태를 가리켜 '중간'(intermediate)이라 하는 것은 이것이 고정된 두 지점 사이에, 즉 죽음과 부활 사이에 위치하기 때문이고, 일시적이어서 인류의 '최종 상태'에 마침내 잠식되기 때문이다.[13]

이것이 예수님이 십자가에 달려 회개하는 강도에게 약속하신 낙원이다. "이르되 예수여 당신의 나라에 임하실 때에 나를 기억하소서 하니 예수께서 이르시되 내가 진실로 네게 이르노니 오늘 네가 나와 함께 낙원에 있으리라 하시니라"(눅 23:42-43).

몸을 벗은 상태인데도 낙원인 것은 신자가 주님과 함께하기 때문이다. 바울은 빌립보 신자들에게 이런 뜻으로 말한다. "그러나 만일 육신으로 사는 이것이 내 일의 열매일진대 무엇을 택해야 할는지 나는 알지 못하노라 내가 그 둘 사이에 끼었으니 차라리 세상을 떠나서 그리스도와 함께 있는 것이 훨씬 더 좋은 일이라"(빌 1:22-23). 마이클 호튼(Michael Horton)은 이를 잘 설명한다.

영혼 없는 몸은 죽은 것이다(약 2:26). 그러나 신자들에게, 몸을 떠나는 것은 주님과 함께하는 것이다(고후 5:8). 영원한 완성도 무의

식도 아닌 이 중간 상태는 하나님이 신자들 하나하나를 그분 앞에서 의식 있는 상태로 보존해 죽은 자의 부활을 기다리게 하시는 것이다.[14]

죽음은 분리한다. 죽은 자가 부활할 때, 영과 몸이 놀랍게 재결합할 것이다. 이것은 몸을 영혼이 탈출해야 하는 감옥으로 보는 고대 이교도의 시각(예를 들어, 플라톤주의)과 거리가 멀다. 성경과 위대한 신조들(사도신조와 니케아 신조) 둘 다 가르치듯이, 우리는 몸의 부활을 믿는다.

이러한 전통적 견해의 한 변형이 전천년 종말론(premillennial eschatology)과 연결된다. 이 종말론에서, 몸을 벗은 성도들이 그리스도와 함께 왕 노릇 하기 위해 천 년 동안 몸을 입는다. 이 기간에 하나님은 특히 순교자들을 인정하신다. 요한계시록 20장 1-6절은 그리스도께서 천 년 동안 땅을 다스리신다고 말한다. 전천년주의자들은 이것이 문자 그대로 천 년이라 믿거나 천 년이 상징하는 기간이라 믿는다. 두 견해 모두 땅은 무대이고 모두의 부활과 마지막 심판은 그 이후에 있으리라고 본다. 러셀 무어는 이 견해를 역사적 전천년설의 형태로 잘 표현한다.

역사적 전천년설이 요한계시록 20장에 대한 자연스러운 해석과 가장 잘 맞는다. 첫째 부활과 둘째 부활 모두 몸의 부활이다. 첫째 부활은 천년왕국이 시작될 때 일어나는 의로운 자들의 부활이고, 둘째 부활은 천년왕국이 끝날 때 일어나는 불의한 자들의 부활, 곧 둘째 사망과 동일한 부활이다. 이것은 요한계시록의 흐름에 잘 맞으며, [천년왕국은] 그리스도의 오심에서 이 책이 절정에 이른 후, 영원한 상태가 시작되기 전에 도래한다.[15]

또 다른 변형은 신자가 죽을 때 부활체를 받으므로 몸을 벗은 중간 상태가 없다는 것이다. 이 견해는 바울의 종말론이 고린도전서 15장에서 고린도후서 5장으로 발전했다는 생각에 근거한다. 데이비드 갈런드는 이 견해를 지지하는 것으로 보이지만, 주저하며 이렇게 말한다.

벌거벗음, 즉 그 어떤 비물질적 존재는 그에게 터무니없는 개념인데, 그리스도의 부활 때문이다. 우리가 벗은 자들로 발견되지 않으리라는 그의 단언은 그가 앞서 고린도전서 15장 35-44절에서 했던 '미래의 삶은 몸이 있는 삶이다'라는 주장과 연결된다. 이 구절에서 은유를 제거하면, 바울은 죽은 자들이 몸을 입고 살아난다고 말하는 것이다. 이것이 옳다면, 그의 이미지에 중간기 또는 중간 상태를 욱여넣어 이해해서는 안 된다. 그뿐 아니라 벗은 상태에 대한 그 어떤 두려움을 이 구절에 욱여넣어 이해해서도 안 된다. 대신 이 단언을 바울의 부활 소망이 그에게 주는 위안을 표현

하는 것으로 이해해야 한다. "우리가 벗은 자들로 발견되지 않으려 함이라."¹⁶

바울이 이전 견해를 포기했다고 보기 어려울 뿐 아니라, 그가 이전 견해를 포기했다면 성경의 권위가 크게 타격받을 것이다. 이 외에도 중간 상태에 관한 전통적 견해를 견지해야 하는 여러 이유가 있다. 머리 해리스는 이러한 비전통적 견해가 서신서 전체에 퍼져 있는 이미(우리의 현존재)와 아직(파루시아[parousia]) 사이의 긴장을 약화한다고 설득력 있게 주장한다. 이 긴장은 고린도전서 15장에 분명하게 나타난다. 해리스는 이렇게 말한다.

> 죽는 즉시 몸이 부활한다면 파루시아의 시간적 의미가 사라지고, 바울의 종말론이 강조하는 집단적 차원이 약화되며, 그리스도의 두 강림 사이의 기간 전체를 특징짓는 '이미'와 '아직'의 긴장이 없어진다.¹⁷

우리의 소명에 관한 기대

인간이 하나님 앞에서 맡은 소명에 관해, 시원론(protology)과 종말론(eschatology)은 놀라운 대칭을 이룬다. 시원론은 처음 것들을 다룬다. 아담과 하와의 소명은 왕/여왕과 제사장이 되는 것이었다.[18] 이들은 왕과 여왕처럼 지배력을 행사해 땅을 정복해야 했고, 이로써 만물의 궁극적 통치자이신 하나님의 형상을 드러낼 터였다.

> 하나님이 자기 형상 곧 하나님의 형상대로
> 　사람을 창조하시되
> 　남자와 여자를 창조하시고
>
> 하나님이 그들에게 복을 주시며 하나님이 그들에게 이르시되 생육하고 번성하여 땅에 충만하라, 땅을 정복하라, 바다의 물고기와 하늘의 새와 땅에 움직이는 모든 생물을 다스리라 하시니라 (창 1:27-28)

우리의 첫 부모는 거룩한 공간인 에덴동산을 제사장처럼 돌봐야 하기도 했다. 처음에 이 역할은 아담에게 주어졌다. "여호와 하나님이 그 사람을 이끌어 에덴동산에 두어 그것을 경작하며(work) 지키게(keep) 하시고"(창 2:15).[19] 이 두 역할 모두 성경 맨 끝에 다시 나타난다. 새 땅에서, 하나님의 백성은 제사장으로서 그분을 섬기고 왕과 여왕으로서 다스릴 것이다.

다시 저주가 없으며 하나님과 그 어린 양의 보좌가 그 가운데에 있으리니 그의 종들이 그를 섬기며 그의 얼굴을 볼 터이요 그의 이름도 그들의 이마에 있으리라 다시 밤이 없겠고 등불과 햇빛이 쓸 데 없으니 이는 주 하나님이 그들에게 비치심이라 그들이 세세 토록 왕 노릇 하리로다(계 22:3-5)[20]

창세기 1장 27-28절에서 주어졌고 뒤이어 죄 때문에 파괴되었으나(창 3장) 그리스도 안에서, 그리스도를 통해 우리에게 회복된 문화 명령(히 2:5-9)은 새 땅에서 완전하게 성취된다(계 22:3-5).

시원론과 종말론의 증언은 소명적(vocational) 견지에서 로마서 8장의 영화를 이해해야 한다는 헤일리 고랜슨 제이컵의 주장과 잘 맞는다. 그녀는 이렇게 말한다.

그리스도와 연합되었기에, 신자들은 그리스도의 부활 생명에 참여하고, 그리스도의 통치, 곧 메시아 통치와 새 아담의 통치에 적극 참여한다. 예수님의 통치에 소명적으로 참여한다는 모티프는 로마서 8장 17절에 다시 나타나는데, 거기서 바울은 이를 아들과 함께 공동 상속자가 되고 아들과 함께 영화롭게 된다는 견지에서 묘사한다. 신자들은 자녀로 입양되어(롬 8:14-16) 신분이 달라졌기에 하나님의 자녀로서 하나님의 아들과 함께 그분의 기업과 영광에, 하나님의 장자로서 세상을 다스리는 그분의 소명적 통치에 참

여한다.[21]

그녀는 이렇게 요약한다. "로마서에서 신자들의 최종 영화란, 이들이 메시아와 새 아담으로서 창조 세계를 이미 다스리시는 하나님의 맏아들과 연합하여 창조 세계를 다스리는 아담의 통치에 복귀하는 것이다."[22] 제이컵이 정확히 주장하듯이, 현재와 완성된 미래 모두에서 그리스도의 통치에 참여한다는 것이 로마서에 매우 분명하게 나타난다. 요한도 요한계시록 22장에서 같은 말을 하지만, 제사장 역할을 덧붙인다.

존귀에 대한 기대

누군가를 영화롭게 한다는 것은 그 사람을 존귀하게 한다(honor)는 것이다. 이것은 말로(예를 들어, 칭찬으로) 할 수 있고 행동으로(예를 들어, 머리에 관을 씌워서) 할 수 있다. 산상설교 때 예수님은 자신을 따르는 자들이 신실함에 대해 하늘에서 받을 상을 기대할 수 있다고 가르치신다. "나로 말미암아 너희를 욕하고 박해하고 거짓으로 너희를 거슬러 모든 악한 말을 할 때에는 너희에게 복이 있나니 기뻐하고 즐거워하라 하늘에서 너희의 상이 큼이라 너희 전에 있던 선지자들도 이같이 박해하였느니라"(마 5:11-12).

예수님에 따르면, 보물을 하늘에 쌓을 수 있다(마 6:19-20). 달란트 비유에서, 예수님은 충성된(신실한) 종들이 주인의 지시대로 이행해 주인에게 칭찬받았다고 말씀하신다. "그 주인이 이르되 잘하였도다 착하고 충성된 종아 네가 적은 일에 충성하였으매 내가 많은 것을 네게 맡기리니 네 주인의 즐거움에 참여할지어다 하고"(마 25:21). 사도 바울은 골로새 신자들에게 이들이 상으로 받을 기업을 말했다. "무슨 일을 하든지 마음을 다하여 주께 하듯 하고 사람에게 하듯 하지 말라 이는 기업의 상을 주께 받을 줄 아나니 너희는 주 그리스도를 섬기느니라"(골 3:23-24). 바울 자신이 "의의 면류관"을 쓰리라 기대했다(딤후 4:8). 바울은 또한 신자들이 그리스도의 심판대 앞에서 심판을 받으리라고 가르쳤다. "그런즉 우리는 몸으로 있든지 떠나든지 주를 기쁘시게 하는 자가 되기를 힘쓰노라 이는 우리가 다 반드시 그리스도의 심판대 앞에 나타나게 되어 각각 선악 간에 그 몸으로 행한 것을 따라 받으려 함이라"(고후 5:9-10). 문제는 구원이 아니라 섬김이다.

헤르만 바빙크는 도래할 세상에서 영광에 차등이 있다는 성경의 증거를 탁월하게 요약한다. 그는 이렇게 주장한다. "영광에 이처럼 분명한 차등이 있다는 것은 성경의 다른 구절들이[그는 마 20:1-16을 논하고 있다], 특히 모든 사람이[그는 신자들을 말하고 있다] 자신의 행위에 상응하는 상을 받으리라 말하는 구절들이 훨씬 분명하게 가르친다."[23] 그는 다음과 같이 주장하며 성경적 근거를 폭넓게 제시한다. "이 상은 하늘에 쌓여 있으며(마 5:12; 6:1 이하; 눅 6:23; 딤전 6:19; 히 10:34-37), 파루시아 때에야 공개적으로 배분될 것이다(마 6:4, 6, 18; 24:47; 살후 1:7; 벧전 4:13)."[24] 그는 여러 성경 구절을 인용해 상이 행위에 비례하리라는 것을 뒷받침한다(마 16:27; 19:29; 25:21, 23; 눅 6:38; 19:17, 19; 롬 2:6; 고전 3:8; 고후 4:17; 5:10; 9:6; 갈 6:8-9; 히 11:26; 계 2:23; 11:18; 20:12; 22:12)."[25] 영광의 차등이 어떻게 나타날 것인지 궁금한가? 바빙크는 이렇게 답한다. "복은 실제로 모두에게 동일하지만, '빛남'과 영광은 저마다 다를 것이다(단 12:3; 고전 15:41)."[26]

영화롭게 된 자들의 본향

성경 이야기의 흐름은 일반적으로 네 범주로 요약된다. 창조, 타락, 구속, 완성이다.[27] 다시 말해 성경은 줄거리가 있고, 아리스토텔레스가 말했듯이 줄거리는 "시작과 중간과 끝"이 있다.[28] 성경이 그렇듯이, 줄거리는 우리를 여정으로 안내한다. 완성 또는 마지막에 관해서 해야 하는 더 웅장한 질문이 있다. 영화롭게 된 자들의 본향(home)은 어떤 모습이겠는가? 대다수 교인이 하나님 백성의 최종 본향이 무엇이냐는 질문에 "천국"이라 답할 것이다. 프랑스 프로테스탄트 시몽 굴라르(Simon Goulart, 1543-1628)는

『기독교 담론』 1권의 결론에서 이 기대를 격정적으로 묘사했다. 설명어들이 매우 장엄해 길게 인용하겠다.

> 천국에서 하나님과 함께하는 영원하고 복된 삶, 안식과 말할 수 없는 영광이 수반되는 삶은 그리스도인들에게 믿음의 목적지다. 이것은 그리스도인들이 품는 소망의 항구이고, 그리스도인들이 갖는 모든 바람의 안식처이며, 비참하고 덧없는 땅 위의 삶이 주는 고통에서, 그리스도인들이 참으로 죽음 자체에서 벗어나 누릴 것이 분명한 위로의 면류관이다.[29]

굴라르는 자세하게 설명한다.

> 이들은 천국에서 … 영화롭게 된 몸, 곧 모든 악이 치유되고 더는 죄와 무지와 오류와 질병과 슬픔과 염려와 두려움과 고통과 원수에 시달리지 않는 몸을 받을 것이다. 이들은 모든 아픔과 고통에서 해방될 것이다. 이들은 자신들의 하나님 여호와를, 모든 좋은 것들의 원천이며 다함 없는 보화이신 분을 온전하고 완전하게 누릴 것이며, 그분은 이들에게 자신의 모든 선을, 자신의 무한한 기쁨을 부어 주시고, 이것들로 이들의 모든 생각과 바람을 만족시켜 주실 것이다. 이들은 얼굴을 마주한 채, 얼굴을 가리는 그 어떤 구름도 없이, 그분을 찬찬히 볼 것이다. 이들은 하나님의 지혜를, 하

하나님이 자신의 택자들을(his elect) 예수 그리스도를 통해 어떻게 창조하고 구속하셨는지에 관한 지혜를 배우고 그분이 전능하고 기이한 일들을 행하신 이유를 알게 될 것이다. 영원한 아버지께서 이들을 향한 불타오르고 말로 표현할 수 없는 사랑을, 아들을 세상에 보내어 이들을 사망에서 건져 내어 영원한 생명으로 옮김으로써 증명하신 사랑을 드러내실 것이다. 그분의 자녀들이 그분의 은혜로운 일에 감동하고 놀라움과 만족과 말할 수 없는 기쁨이 충만하며 하늘에 계신 자신들의 아버지를 불타는 사랑으로 사랑하고 열렬한 기쁨으로 그분의 지혜에 온전히 복종할 것이다. 그리고 자신들의 유일한 주권자요 가장 큰 선이신 그분께 복종할 것이다. 이들은 그분 앞에서 변함없는 기쁨으로 기뻐하고, 그분의 영광을 드높이며, 거룩한 천사들과 승리한 온 교회와 더불어 그분의 선하심을 노래할 것이다. 거기서 이들은 예수 그리스도와 동정녀 마리아와 족장들과 선지자들과 사도들을 보고, 회개하고 믿은 가운데 죽은 가족들과 친구들을 비롯해 자신들보다 앞서 간 모든 신실한 자를 볼 것이다. 이들 모두가 한마음과 한목소리로 하나님이 자신들에게 베푸신 모든 선과 무한한 복을 회상하고 아버지와 아들과 성령을 찬양하는 감사의 노래를 부를 것이다. …

그러므로 영원한 생명은 모든 선한 것의 끝이고 성취이며, 이를 위해 하나님은 그분의 아들을 통해 우리를 사셨다. 이것이 우리가 이 땅을 순례하는 내내 시선을 고정해야 하는 목적지다. 이것이 우리가 끊임없이 갈망해야 하는 보물이다. 이것이 우리 삶의 모든 계획과 노력이 향해야 하는 시간과 복이다. … 이것이 우리의 진정한 나라이고, 우리의 영원한 도성이며, 우리가 예수 그리스도의 죽음을 힘입어 시민권을 얻은 곳이다. 이것이 우리가 비극의 계곡과 사망의 골짜기로 추방되어 두려움에 떨며 힘겹게 살면서 갈망하는 본향이다. 이것이 우리가 세상을 끊임없이 뒤흔드는 숱한 파도와 폭풍을 헤치고 나아가는 안전한 피난처요 아름다운 항구다. 이것이 우리가 죽어서 거할 복된 땅이다.[30]

도래할 삶에 관한 굴라르의 묘사는 이 삶을 어디에 두었는지를 제외하면 아주 정확하다. 천국은 최종 목적지가 아니라 그 바로 앞 지점이다. 실제로 천국에 지나치게 사로잡혔다는 것은 종말론적 사고가 멈췄다는 신호일 수 있다. 하나님의 백성을 위한 최종 본향은 새 땅과 새 예루살렘, 곧 하늘에서 새로워진 땅으로 내려온 새 예루살렘이다(계 21:1-2). 이번에도 러셀 무어가 잘 표현한다. "복음의 핵심은 우리가 죽어 천국에 간다는 것이 아니다. 대신 천국이 내려와 땅과 온 우주를 변화시키고 새롭게 한다는 것이다."[31] 다행스럽게도, 성경 본문에 그 특징이 많이 나타난다.[32]

도래할 세상에 대한 묘사

도래할 세상이 다양하게 묘사된다. 바울은 에베소서 여러 곳에서 우리의 기업을 말한다(엡 1:11, 18; 5:5). 그는 미래 세상을 '유업으로 받을 나라'라고도 말한다(고전 6:9-10). 베드로도 미래의 유업을 말하며(벧전 1:3-5), 이를 의가 거하는 새 하늘과 새 땅으로도 묘사한다(벧후 3:13). 히브리서는 다양한 이미지를 사용해 하나님의 백성을 위한 이 영화로운 미래를 말한다. 이것은 "본향"(히 11:14)이고, "더 나은 본향"(히 11:16)이며, "하늘에 있는 것"(히 11:16)이고, "한 성"(히 11:16)이다. 버나드 램의 주장이 옳다. "영화의 과정은 신자가 새 예루살렘 안에서 영화로운 존재의 상태에 들어갈 때에야 완성된다."[33]

도래할 세상의 목적

가정(home)은 관계가 가장 풍성해야 하는 곳이다. 성경은 하나님의 뜻이 늘 관계와 교제라는 것을 보여 준다. 하나님은 그분의 형상을 지닌 자들과 함께 거니셨다(창 3:8) 영화로운 하나님의 임재가 처음에 성막에 거했고(출 40:34) 뒤이어 성전에 거했다(왕상 8:10-11). 다시 말해, 하나님이 그분의 백성 가운데 거하셨다. 그리고 비할 데 없게도 하나님은 성육해 우리 가운데 장막을 치셨다(요 1:14). 그분의 임재에 관한 약속이 성경 맨 끝에서 도래할 세상의 중심으로 재확인되는데, "하나님과 및 어린 양의 보좌"다(계 22:1). 요한계시록 21장 1-3절은 출애굽기 6장 7절에 처음 나타나는 언약 후렴의 실현이다: "너희를 내 백성으로 삼고 나는 너희의 하나님이 되리니 나는 애굽 사람의 무거운 짐 밑에서 너희를 빼낸 너희의 하나님 여호와인 줄 너희가 알지라." 이 약속이 선지서에서 재확인된다. "그 날 후에 내가 이스라엘 집과 맺을 언약은 이러하니 곧 내가 나의 법을 그들의 속에 두며 그들의 마음에 기록하여 나는 그들의 하나님이 되고 그들은 내 백성이 될 것이라"(렘 31:33). 바울은 예레미야를 인용하면서 동일한 약속을 재천명한다(고후 6:16). 히브리서도 8장 10절에서 이렇게 한다. 만물의 창조자께서 우리 같은 피조물과 교제하려 하신다는 것이 참으로 놀랍다. 더욱이 하나님은 우리를 단지 종이 아니라 그분의 자녀로 대하며 우리와 교제하길 원하신다(요일 3:1-2).

도래할 세상에서 하는 역할: 제사장과 왕

성경 첫 책의 첫 장들은 하나님의 형상을 가진 자들의 역할을 아주 분명하게 말한다. 인간은 통치자들이 하듯이 지배력을 행사해 하나님의 형상을 드러내야 하고 제사장들이 하듯이 자신의 창조자를 섬겨야 한다. 성경 마지막 책은 두 역할 모두의 회복을 보여 준다. 요한계시록 1장 5-6절에 송영(찬양)의 곡조가 나온다. "우리를 사랑하사 그의 피로 우리 죄에서 우리를 해방하시고 그의 아버지 하나님을 위하여 우리를 나라와 제사장으로 삼으신 그에게 영광과 능력이 세세토록 있기를 원하노라 아멘." "나라"(kingdom, 왕국)는 왕을 암시한다. 제사장 곡조도 분명하게 나타난다.[34] 다음으로, 요한계시록 5장 10절은 신자들이 다스리는 장소를 덧붙인다. "그들로 우리 하나님 앞에서 나라와 제사장들을 삼으셨으니 그들이 땅에서 왕 노릇 하리로다." 왕 곡조와 제사장 곡조는 요한계시록 마지막 장에서 절정에 이른다.

> 다시 저주가 없으며 하나님과 그 어린 양의 보좌가 그[하나님의 도성] 가운데에 있으리니 그의 종들이 그를 섬기며[제사장 곡조] 그의 얼굴을 볼 터이요 그의 이름도 그들의 이마에 있으리라 다시 밤이 없겠고 등불과 햇빛이 쓸 데 없으니 이는 주 하나님이 그들에게 비치심이라 그들이 세세토록 왕 노릇 하리로다[왕 곡조](계 22:3-4)

소망이 직접 보기로 바뀐다. "그의 얼굴을 볼 터이요"(4절; 참조. 요일 3:1-3). 헤르만 바빙크는 요한계시록의 세 본문을 인용하면서 도래할 세상에서 신자들이 어떤 존재일지에 관해 이렇게 주장한다. "그들은 선지자와 제사장과 왕으로서 땅에서 영원히 다스린다(계 1:6; 5:10; 22:5)."[35] 그러나 앞서 보았듯이, 선지자 역할은 그가 인용하는 본문에 없다. 왜 그런가? 내 생각에 선지자 역할은 하나님의 계시를 타락한 인간에게, 많은 경우 심판을 염두에 두고 전하는 것이기 때문이다. 도래할 세상에서는 선지자 역할이 필요 없다.

마지막 때의 그림에 나태함을 위한 자리가 없는 것이 분명하다. 무어는 이렇게 말한다. "영원이란 문명, 건축, 향연, 통치, 일을 의미한다. 간단히 말해, 영원이란 영원한 **생명**이다."[36] 도래할 세상은 지루하지도 않을 것이다. 『죽음과 내세 성경신학』이란 책에서, 폴 윌리엄슨(Paul Williamson)은 요한계시록 22장 1-5절에 관해 귀중한 고찰을 제시한다.

> 어떤 독자들은 끝없는 노래와 그칠 줄 모르는 하프 연주가 언급되지 않은 것에 안도할 것이다. 본문은 우리가 이 새로운 창조 세계에서 어떻게 지낼지 정확히[우리가 왕이요 제사장이 될 터이므로, 나라면 "폭넓게"라는 단어를 쓰고 싶다] 말하지 않지만, 우리는 하나님의 모든 위엄과 광휘로 채워진 완벽한 물리적 영역에서 지루할 가능성을 배제할 수 있다.[37]

도래할 세상은 신자들이 자신들의 주님인 예수님과 함께하는 곳이다. 그곳은 예수님이 지루하신 분이어야만 지루할 텐데, 예수님이 지루하신 분이라는 것은 생각할 수 없는 일이다.

도래할 세상의 아름다움

철학에서, 초월적 존재는 세 가지 특징이 있다. 선과 진리와 아름다움이다. 시편이 잘 보여 주듯이, 셋 모두 성경의 하나님께 적용된다. 하나님은 선하시다(시 34:8). 하나님은 진리를 기뻐하신다

(시 51:6). 하나님은 아름다우시다(시 27:4). 하나님의 아름다움을 생각할 때 하나님의 도성(city)도 아름답게 묘사되는 것은 놀랍지 않다. "성령으로 나를 데리고 크고 높은 산으로 올라가 하나님께로부터 하늘에서 내려오는 거룩한 성 예루살렘을 보이니 하나님의 영광이 있어 그 성의 빛이 지극히 귀한 보석 같고 벽옥과 수정 같이 맑더라"(계 21:10-11). 요한은 그 성을 세밀하게 묘사한다.

> 그 성곽은 벽옥으로 쌓였고 그 성은 정금인데 맑은 유리 같더라 그 성의 성곽의 기초석은 각색 보석으로 꾸몄는데 첫째 기초석은 벽옥이요 둘째는 남보석이요 셋째는 옥수요 넷째는 녹보석이요 다섯째는 홍마노요 여섯째는 홍보석이요 일곱째는 황옥이요 여덟째는 녹옥이요 아홉째는 담황옥이요 열째는 비취옥이요 열한째는 청옥이요 열두째는 자수정이라 그 열두 문은 열두 진주니 각 문마다 한 개의 진주로 되어 있고 성의 길은 맑은 유리 같은 정금이더라(계 21:18-21)

마이클 윌콕(Michael Wilcock)은 이러한 설명어들의 의미를 정확히 파악하고 이렇게 주석한다. "마지막으로, 새 예루살렘의 아름다움이 그려진다. 성벽은 보석들로 쌓았고, 각 성문마다 다른 보석으로 꾸몄으며, 성의 건물들과 열린 공간들은 상상도 못할 맑은 수정 같은 순금이다. 이처럼 찬란한 광휘로, 하나님은 '신부,

곧 어린양의 아내'를 위한 준비를 완료하신다."³⁸

도래할 세상은 절대로 지루하고 단조롭지 않다. 예수님이 거기 계시는데 어떻게 그럴 수 있겠는가?

도래할 세상의 문화적 부

성경의 마지막 책은 흥미진진한 구절로 넘친다. 요한계시록 21장 24-26절은 그런 구절 가운데 하나다. 하나님의 영광이 하나님의 성을 비추며, 하나님의 어린양이 그 성의 등불이다. 그러므로 그 성은 해나 달이 필요 없다(계 21:23). 그래서 이 구절은 이렇게 말한다. "만국이 그 빛 가운데로 다니고 땅의 왕들이 자기 영광을 가지고 그리로 들어가리라 낮에 성문들을 도무지 닫지 아니하리니 거기에는 밤이 없음이라"(계 21:24-26). 이것이 무엇을 의미할 수 있는가? 크레이그 바르톨로뮤(Craig Bartholomew)와 마이클 고힌(Michael Goheen)은 그 의미를 의심하지만 이러한 전망을 내놓는다. "역사의 문화적 성취들이 정화되어 새 땅에 다시 나타날 것이다(계 21:24-26)."³⁹ 윌콕이 자세히 설명한다. "'만국의 영광과 존귀'가 그 성의 장엄함에 기여한다. 이 세상에서 참으로 선하고 아름다운 모든 것이 창조자께서 의도하신 완벽한 환경에서, 정화되고 강화된 채 다시 나타날 것이다. 진정으로 가치 있는 그 무엇도 사라지지 않는다."⁴⁰

도래할 성의 거룩

바울은 하나님 나라에 죄악된 자들을 위한 자리가 없으리라고 단호하게 말한다. 그래서 고린도 신자들에게 이렇게 말한다.

> 불의한 자가 하나님의 나라를 유업으로 받지 못할 줄을 알지 못하느냐 미혹을 받지 말라 음행하는 자나 우상 숭배하는 자나 간음하는 자나 탐색하는 자나 남색하는 자나 도적이나 탐욕을 부리는 자나 술 취하는 자나 모욕하는 자나 속여 빼앗는 자들은 하나님의 나라를 유업으로 받지 못하리라(고전 6:9-10)

요한계시록은 도래할 하나님의 성, 곧 새 예루살렘에 들어가지 못할 자들에 관해 비슷하게 말한다. "개들과 점술가들과 음행하는 자들과 살인자들과 우상 숭배자들과 및 거짓말을 좋아하며 지어내는 자는 다 성 밖에 있으리라"(계 22:15).

하늘에서 내려오는 예루살렘은 입방체로 묘사된다.

> 내게 말하는 자가 그 성과 그 문들과 성곽을 측량하려고 금 갈대 자를 가졌더라 그 성은 네모가 반듯하여 길이와 너비가 같은지라 그 갈대 자로 그 성을 측량하니 만 이천 스다디온이요[1스다디온은 약 2,200-2,250킬로미터다] 길이와 너비와 높이가 같더라(계 21:15-16)

켄들 이슬리(Kendell H. Easley)는 이 부분의 의미를 놓치지 않는다.

여기서 핵심은 새 예루살렘이 완벽한 입방체라는 것인데, 이스라엘 성전의 내소, 곧 지성소가 정확히 이런 형태였다(왕상 6:19). 땅의 예루살렘에서, 하나님의 영광은 하나의 작은 입방체 공간에 국한되었다. 새 예루살렘에서, 하나님의 영광은 거대한 입방체 형태의 성을 채운다.[41]

공간이 입방체라는 데서 이 공간의 거룩함이 강조된다.

결론

존 머리(John Murray)는 소망에 관한 성경의 가르침이 갖는 중요성을 정확히 말한다. "예수님의 초림을 믿지 않고 재림을 소망하지도 않는다면, 지금 여기의 삶은 하나님도 없고 소망도 없는 삶이다."[42] 영광의 소망은 몸을 벗은 허깨비들을 위한 것이 아니다. 성경이 말하는 미래에서, 천국은 마지막이 아니라 마지막 바로 앞이다. 마지막은 새 하늘과 새 땅이다. 새 예루살렘은 땅의 것이다. 버나드 램이 말하듯이, "구속받은 영혼이 구속받은 몸이 필요하다면, 구속받은 몸은 구속받은 환경이 필요하다."[43] 구속받은 환경은 새 예루살렘이다. 새 예루살렘은 아름다움이 빛나는 영화로운 성이다. 그곳은 오직 영화로워진 하나님의 백성에게 맞춤한 본향이다. 도래할 하나님의 성에서 인간의 첫 부르심, 곧 왕과 여왕으로 다스리고 제사장으로 예배를 도우라는 부르심이 정점에 이를 것이다. 도래할 세상에서 상과 칭찬에 관해 신자들이 받는 영광의 정도가 다를 것이다. 영광의 정도는 현세에 얼마나 신실하게 섬겼느냐에 달렸다.

덧붙임: 동류가 동류를 안다

고대 인식론의 한 원리는 '동류가 동류를 안다'(like knows like)다. 에릭 매스콜은 이렇게 설명한다. "이것은 전문 용어로 '공동본성에 의한 지식'(knowledge by connaturality)이니, 어떤 것의 특성을 소유함으로써 갖는 지식이다."[44]

이 인식론의 원리를 이렇게 설명할 수 있겠다. 이것은 나의 개가 나를 알 수 없고 내가 나의 개를 알 수 없으며, 한 사람이 다른 사람을 알 수 있는 방식이다. 이 원리가 바울이 고린도전서에서 성령의 일을 앎과 관련해 논증하는 문맥에 나온다. 그는 이렇게 말한다.

기록된 바

> 하나님이 자기를 사랑하는 자들을 위하여 예비하신 모든 것은
> 눈으로 보지 못하고 귀로 듣지 못하고
> 사람의 마음으로 생각하지도 못하였다 함과 같으니라
>
> 오직 하나님이 성령으로 이것을 우리에게 보이셨으니 성령은 모든 것 곧 하나님의 깊은 것까지도 통달하시느니라 사람의 일을 사람의 속에 있는 영 외에 누가 알리요 이와 같이 하나님의 일도 하나님의 영 외에는 아무도 알지 못하느니라(고전 2:9-11)

고든 피(Gordon Fee)는 이렇게 설명한다. "논증의 근거는 '동류는 오직 동류만 안다'(like is known only by like)는 헬라 철학의 원리다. 다시 말해, 인간에게는 하나님이나 하나님의 지혜를 알 수 있게 하는 자질이 없다는 것이다. 오직 '동류만 동류를 안다.' 오직 하나님만 하나님을 알 수 있다."[45] 흥미롭게도, 4세기에 성령의 신성에 관한 논쟁이 있었다. 가이사랴의 바실리우스(Basil of Caesarea)는 공동본성의 원리에 기초해 성령이 참하나님이라고 주장하면서 이를 뒷받침하는 성경적 증거로 고린도전서 2장 1절을 인용했다.[46]

바울에 따르면, 우리 피조물은 도래할 세상에서야 하나님을 가

장 완전하게 알 수 있다. 그는 고린도 신자들에게 이렇게 말했다.

> 우리는 부분적으로 알고 부분적으로 예언하니 온전한 것이 올 때에는 부분적으로 하던 것이 폐하리라 내가 어렸을 때에는 말하는 것이 어린 아이와 같고 깨닫는 것이 어린 아이와 같고 생각하는 것이 어린 아이와 같다가 장성한 사람이 되어서는 어린 아이의 일을 버렸노라 우리가 지금은 거울로 보는 것 같이 희미하나 그 때에는 얼굴과 얼굴을 대하여 볼 것이요 지금은 내가 부분적으로 아나 그 때에는 주께서 나를 아신 것 같이 내가 온전히 알리라(고전 13:9-12)

이 문맥에서 "온전한 것"은 도래할 세상을 가리킨다.

그러나 우리의 영화가 어떻게 여기에 맞는가? 어느 고대 철학자가 공동본성의 원리를 놀라운 방법으로 표현했다 "무엇인가를 보려면 보이는 것에 적합한 눈이 있어야 하고 그것과 얼마간 유사성이 있어야 한다. 눈이 먼저 태양처럼 되지 못하면 결코 태양을 보지 못한다."[47] 나는 우리가 오직 영화롭게 될 때에야 피조물로서 영화로운 하나님을 최대한 온전히 알 수 있다고 본다.

5

누가 영화롭게 되겠는가?
누가 쫓겨나겠는가?

도널드 블러시(Donald Bloesch)는 이렇게 말한다. "현대의 사상과 신학은 천국과 지옥 문제에 회의적이지 않더라도 모호한 태도를 취하지만, 성경은 역사에 이중적 결과가 있으리라고 분명히 말한다."[1] 그의 말은 누가 도래할 세상에 살 것인가 하는 질문을 불러일으킨다. 누가 영화롭게 되고, 누가 그러지 못할 것인가?

마지막 장에서는 이 두 범주를 살펴보고, 톰 라이트가 영화롭게 되지 못할 자들의 운명에 관해 제시한 흥미로운 이론을 살펴보겠다. 그러기에 앞서 죽은 자의 부활을 먼저 실펴보겠나. 싱경은 의로운 사람이든 불의한 사람이든, 어떤 형태로든 몸을 갖는 것이 사람의 운명이라고 분명하게 말하기 때문이다. 라이트는 1세기 이교도와 유대인의 믿음을 연구한 후 "부활은 몸을 의미했다"고 강력하게 주장한다.[2] 성경에는 신자든 불신자든 죽으면 몸에서 벗어나 영원히 몸 없는 영이 된다는 플라톤적 개념이 없다.[3]

의로운 자와 불의한 자의 부활

사도 바울은 큰 소망에서 힘을 얻었다. 그는 자신을 가두고 있는 로마 제국의 유대 총독 벨릭스에게 이 소망을 전했다.

> 그러나 이것을 당신께 고백하리이다 나는 그들이 이단이라 하는 도를 따라 조상의 하나님을 섬기고 율법과 선지자들의 글에 기록된 것을 다 믿으며 그들이 기다리는 바 하나님께 향한 소망을 나도 가졌으니 곧 의인과 악인의 부활이 있으리라 함이니이다(행 24:14-15)

초기 교회는 신약성경의 믿음을 매우 소중히 여겨 신조에 넣었다. 예를 들어, 사도신조는 다음과 같은 종말론 부분에서 절정에 이른다.

나는 … 몸의 부활과 영생을 믿습니다.⁴

초기 그리스도인들은 이 믿음을 위해 죽을 각오가 되어 있었다. 주후 177년, 고대 갈리아의 리옹과 비엔에서 혹독한 박해가 일어났다. 초기 교회 역사가 유세비우스는 갈리아 교회들이 쓴 편지 한 통을 보존했는데, 그 편지에 이런 생생한 묘사가 나온다.

> 저들은 순교자들의 시체를 엿새 동안 온갖 방식으로 전시한 후 이 불법의 사람들을 불태웠고, 이들의 흔적조차 남지 않도록 그 재를 가까이 흐르는 론강에 쓸어 넣었다. 저들은 이렇게 하면서 하나님을 이길 수 있고 이들에게서 **부활**을 빼앗을 수 있다고 생각했다. 저들은 이렇게 말했다. "이것은 이들이 부활의 희망조차 갖지 못하도록 하기 위해서다. 이들은 부활을 믿어 기괴하고 생소한 종교를 우리 가운데 들여오고, 심한 고문에도 꿈쩍하지 않으며, 죽음을 그것도 기쁘게 맞으려 한다. 이들이 다시 살아나는지, 이들의 **신이 이들을 도와 이들을 우리 손에서 건져 낼 수 있는지** 두고 보자."⁵

이 기록은 이교도들이 알아차렸음을 보여 준다. 그리스도인들은 큰 소망이 있었고 이 소망을 위해 고문당하고 죽을 각오가 되어 있었다. 이 소망은 몸의 부활과 관련이 있었다. J. 스티븐슨

(Stevenson)은 이렇게 말한다. "몸을 파괴함으로써 부활(즉, 몸의 부활)을 막을 수 있으리라는 이교도들의 믿음은 이 기독교 교리의 중요성을 보여 준다."[6]

신약성경은 의로운 자와 불의한 자의 부활을 단언하며, 이러한 단언은 신자든 아니든 인간이 미래에 몸을 갖게 되리라는 것을 보여 준다.

하나님의 책

하나님이 어느 책에 이름들을 기록하신다는 계시가 모세의 책들에 나온다. 시내산에서 일어난 금송아지 사건은 얼마 전 자신의 백성을 애굽의 압제에서 구해 내신 하나님을 모욕하는 것이었다. 심판이 있을 터였다. 모세는 백성을 위해 중보했다. "모세가 여호와께로 다시 나아가 여짜오되 슬프도소이다 이 백성이 자기들을 위하여 금 신을 만들었사오니 큰 죄를 범하였나이다 그러나 이제 그들의 죄를 사하시옵소서 그렇지 아니하시오면 원하건대 주께서 기록하신 책에서 내 이름을 지워 버려 주옵소서"(출 32:31-32). 하지만 하나님은 다른 계획이 있었다. "여호와께서 모세에게 이르시되 누구든지 내게 범죄하면 내가 내 책에서 그를 지워 버리리라"(출 32:33). 심판으로 전염병이 돌았다(출 32:35).

이것이 성경에서 책이 처음 언급된 경우다. 이 그림은 통치자들이 책에 목록을 기록했던 고대 중동에서 아주 잘 이해되었을 것이다. 더글러스 스튜어트는 유익한 배경 정보를 제시한다. "고대 세계에서는 정부와 개인 모두 인명을 기록했다. 이 기록은 현대의 공식 기록과 마찬가지로 과세, 병역, 재산권 확립 등 여러 목적에 사용되었다."[7]

성경의 마지막 책에 두 책이 나온다. 첫째는 행위를 기록한 책이다. "마지막 심판 날, 행위의 책이 열리고 사람마다 자신이 행한 대로 심판받을 것이다."[8] 사도 요한은 이 장면을 이렇게 묘사한다. "바다가 그 가운데에서 죽은 자들을 내주고 또 사망과 음부도 그 가운데에서 죽은 자들을 내주매 각 사람이 자기의 행위대로 심판을 받고"(계 20:13). 행위대로 심판받는다는 데서, 하나님 심판의 작동 원리가 응보적 공의라는 것이 드러난다. 이것은 구약과 신약의 공통된 시각이다(예를 들어, 시 62:12; 잠 24:12; 롬 2:6; 고후 5:10; 골 3:25; 벧전 1:17). 데이비드 펜찬스키(David Penchansky)의 고찰이 정확하다. "부활은 하나님이 개인과 공동체에 이들의 죄와 불법에 얼마간 상응하는 고통을 주신다는 뜻이다. 응보 개념은 하나님이 공의로 세상을 다스리신다는 중요한 신학적 주장의 모퉁이돌이다."[9]

요한계시록은 행위의 책만 언급하지 않는다. 요한은 이렇게 말한다. "네가 본 짐승은 전에 있었다가 지금은 없으나 장차 무저갱으로부터 올라와 멸망으로 들어갈 자니 땅에 사는 자들로서 창세 이후로 그 이름이 생명책에 기록되지 못한 자들이 이전에 있었다가 지금은 없으나 장차 나올 짐승을 보고 놀랍게 여기리라"(계 17:8). 이 책의 주인이 누구인지 요한계시록 21장 27절에서 분명하게 드러난다. "무엇이든지 속된 것이나 가증한 일 또는 거짓말하는 자는 결코 그리로 들어가지 못하되 오직 어린 양의 생명책에 기록된 자들만 들어가리라." 이 책에 기록된 자들을 예수님이 그분의 하늘 아버지 앞에서 인정하실 것이다.[10]

그리스도와의 연합: 핵심

초기 교부들은 머리가 가는 곳에 몸도 간다고 믿었다. 이들은 아기의 출생에서 이것을 보았다. 먼저 머리가 나오고 뒤이어 몸이 나온다. 토머스 토런스(Thomas F. Torrance)는 이러한 초기 교회의 개념을 이렇게 발전시킨다. "몸의 머리이신 그리스도께서 이미 부활하셨고 새로운 창조 세계의 맏아들이 되셨으며, 따라서 그분과 연합해 그분의 몸이 된 우리가 그분과 함께 다시 살아나 영적 존재뿐 아니라 육체적 존재로서 새로운 창조 세계에 태어나리라는 것은 약속이고 보증이다."[11]

칼뱅도 그리스도와의 연합이 중요하다는 것을 알았다. 그는 그리스도께서 주시는 유익과 우리와 이 유익의 관계를 논하며 이렇게 주장한다.

> 이제 우리는 이 질문을 살펴보아야 한다. 아버지께서 그분의 독생자에게 베푸신 이러한 유익들, 곧 그리스도께서 사적으로 이용하도록 베푸신 것이 아니라 가난하고 궁핍한 자들을 부요하게 하도록 베푸신 유익들을 우리가 어떻게 받는가? 첫째, 우리는 그리스도께서 우리 밖에 계시고 우리가 그분과 분리되어 있는 한, 그분이 인류의 구원을 위해 당하신 모든 고난과 행하신 모든 일이 우리에게 쓸모없고 무익하다는 것을 깨달아야 한다. 그러므로 그분은 아버지로부터 받으신 것을 우리와 나누기 위해 우리와 같이 되어 우리 가운데 거하셔야 했다. 이런 이유로, 그분은 "우리의 머리"라 불리고[엡 4:15] "많은 형제 중에서 맏아들"이라 불리신다[롬 8:29]. 그래서 우리도 그분에게 "접붙임이 되고"[롬 11:17] "그리스도를 옷 입어야" 한다[갈 3:27]. 그러므로 앞서 말했듯이, 우리가 자라 그분과 한 몸이 되기 전에는 그분이 소유하신 모든 것이 우리와 전혀 무관하다. 우리는 이것을 믿음으로 얻는다.[12]

칼뱅의 신학에서 이러한 연합은 (로마가톨릭과 달리) 성례를 통해서가 아니라 성령의 은밀한 역사를 통해 이루어진다.[13]

그리스도께서 영광에 이르셨고, 따라서 우리도 그리스도와 연합해 영광에 이를 것이다. 다른 어느 피조물도, 천사조차도 이런 운명을 갖지 못한다. 하늘이나 땅의 다른 어떤 피조물도 이런 특권이 없다.

중요한 것

하나님을 위해 큰일을 하는 것은 특히 명성을 중시하는 문화에서 어깨가 으쓱하는 경험일 수 있다. 예수님의 제자들 가운데 일흔 명이 예수님이 보내신 선교 현장에서 이런 경험을 했다. "칠십 인이 기뻐하며 돌아와 이르되 주여 주의 이름이면 귀신들도 우리에게 항복하더이다 예수께서 이르시되 사탄이 하늘로부터 번개 같이 떨어지는 것을 내가 보았노라 내가 너희에게 뱀과 전갈을 밟으며 원수의 모든 능력을 제어할 권능을 주었으니 너희를 해칠 자가 결코 없으리라"(눅 10:17-19). 제자들이 악에게 크게 승리했으나 예수님은 이들의 시각을 바로잡아 주셔야 했다. "그러나 귀신들이 너희에게 항복하는 것으로 기뻐하지 말고 너희 이름이 하늘에 기록된 것으로 기뻐하라"(눅 10:20).

안타깝게도, 잘못된 이유로 하나님을 위해 큰일을 할 수 있다. 산상설교에서, 예수님은 마지막 날에 자신은 예수님의 이름으로 한 행위가 있으니 그분께 속했다고 주장할 자들이 있으리라 경고

하셨다. 이러한 행위에는 예언하고, 귀신을 쫓아내고, 이적을 행한 것이 포함된다. 그러나 예수님은 이런 일을 행하는 자들이 모두 자신에게 속했다고 인정하지 않으신다(마 7:21-23). 이와 같은 무서운 가능성을 보여 주는 가장 신랄한 예가 유다다. 그는 어떻게 귀신을 쫓아내고 놀라운 일을 행하는지를 알았으나 어떻게 배신하는지도 알았고, 그래서 "멸망의 자식"이 되었다(요 17:12).[14]

누가 영화롭게 되지 못할 것인가?

앞서 보았듯이 새 예루살렘은 영화로우며 하나님의 백성이 살 곳이다. 그러면 새 예루살렘에서 살지 못하는 자들은 어떻게 되는가?[15] 요한계시록은 이들의 운명을 생생하게 묘사한다. 이들은 크고 흰 보좌 앞에서 각자의 행위대로 심판받고 불못에 던져질 것이다. "바다가 그 가운데에서 죽은 자들을 내주고 또 사망과 음부도 그 가운데에서 죽은 자들을 내주매 각 사람이 자기의 행위대로 심판을 받고 사망과 음부도 불못에 던져지니 이것은 둘째 사망 곧 불못이라"(계 20:13-14). 이뿐 아니다. "누구든지 생명책에 기록되지 못한 자는 불못에 던져지더라"(계 20:15). 이것은 하나님이 응보적 공의를 행하신 결과로 그분 앞에서 쫓겨난다는 뜻이다. 이렇게 쫓겨난 자들은 외부인이 된다. "그러나 두려워하는 자들과 믿지 아니하는 자들과 흉악한 자들과 살인자들과 음행하는 자들과 점술가들과 우상 숭배자들과 거짓말하는 모든 자들은 불과 유황으로 타는 못에 던져지리니 이것이 둘째 사망이라"(계 21:8). 요한계시록 22장 15절은 충격적이다. "개들과 점술가들과 음행하는 자들과 살인자들과 우상 숭배자들과 및 거짓말을 좋아하며 지어내는 자는 다 성 밖에 있으리라."[16] 참으로 도덕적인 우주에서, 심판은 필수다. 심판의 때는 하나님께 달렸다.

이것은 어린양의 생명책에 기록된 자들의 운명이 아니다. "무엇이든지 속된 것이나 가증한 일 또는 거짓말하는 자는 결코 그리로 들어가지 못하되 오직 어린양의 생명책에 기록된 자들만 들어가리라"(계 21:27). 어린양의 생명책에 기록된 자들은 하나님의 도성에 들어가 생명나무에 나아갈 수 있다. 창세기 3장 24절의 쫓겨남이 요한계시록 22장 14절의 들어감으로 바뀐다. "자기 두루마기를 빠는 자들은 복이 있으니 이는 그들이 생명나무에 나아가며 문들을 통하여 성에 들어갈 권세를 받으려 함이로다."

쫓겨난 자들은 어떤 몸을 갖게 되는가?

하나님 앞에서 쫓겨난 자들이 몸을 입은 모습이 어떠하겠는가? 흥미로운 질문이다. 그러나 성경에 근거한 확신과 그보다 근거가

약한 의견과 성경의 증거에 근거하지 않은 추측을, 설령 마지막에 참으로 드러나더라도, 주의 깊게 구분해야 한다.

정교회를 위한 철학자는 플라톤이고 가톨릭을 위한 철학자는 아리스토텔레스이며 프로테스탄트를 위한 철학자는 아우구스티누스라는 말이 있다. 나는 여기에 많은 복음주의자를 위한 철학자는 C. S. 루이스라고 덧붙이고 싶다. 루이스는 『천국과 지옥의 이혼』[17]에서 죽음 이후의 삶과 존재의 본질을 말하며 상상력을 발휘했다. 그는 견고함(solidity) 개념을 활용해 구원받은 자들과 잃은 자들의 차이를 묘사했다. 한편으로, 구원받은 자들은 도래할 세상에서 갈수록 본질을 갖추게 된다. 반대로, 잃은 자들은 갈수록 본질이 없어져 마침내 사라진다.

이런 책에서 루이스를 말하는 것이 이상해 보일지 모르겠다. 그러나 루이스는 복음주의 학자들과 신학자들에게 큰 영향을 끼쳤다. 톰 라이트가 대표적이다. 라이트는 보편 구원론과 영혼 멸절설 둘 다 거부한다.[18] 그렇다면 라이트의 목적은 무엇인가? 쫓겨난 자들의 운명에 대해, 라이트는 자신이 "가장 모호한 신학적 신비 중 하나"에 관해 추측하고 있다고 인정한다.[19] 그는 제3의 길을 제안한다. "인간은 하나님 아닌 것에 진심으로 충성하고 그것을 예배할 때, 하나님의 형상을 투영하길 점점 그치게 된다." 그 결과는 무엇인가? 라이트는 다음과 같이 추측한다.

내 생각은 인간이 이 길을 계속 감으로써 좋은 소식을 들려주는 모든 속삭임을, 참빛의 모든 여광(glimmers)을, 돌아서서 반대 방향으로 가라는 모든 독려를, 하나님의 사랑을 가리키는 모든 이정표를 거부하고, 이로써 죽은 후 마침내 스스로의 감정적 선택으로 **한때 인간이었으나 이제는 아닌 존재**, 하나님의 형상을 갖길 완전히 그친 피조물이 되는 게 가능하다는 것이다. … 이들은 동시에 소망뿐 아니라 동정까지 잃는다.[20]

라이트에 따르면 이런 피조물은 "한때 인간이었던 상태(ex-human state)로 여전히 존재한다."

라이트는 자신의 생각이 추측이라 말하며, 이런 점에서 찬사받아야 한다. 모든 신학자가 이처럼 신중하지는 않다. 그렇더라도 그의 생각은 추측이다. 그의 견해는 이런 피조물이 여전히 자신의 잘못과 형벌을 의식하는가 하는 질문을 하게 한다. 예수님이 부자와 나사로 비유에서 말씀하신 모든 세세한 부분에 지나치게 집중해서는 안 된다. 어쨌든, 이것은 비유다(눅 16:19-31). 그러나 이 이야기는 부자가 의식이 있고 고통을 당한다는 것을 상정한다. 그가 갈수록 인간 이하(subhuman)가 되고 있다는 암시는 없다. 그는 이야기 내내 '나'라고 말할 수 있는 주체다.[21]

흥미로운 주장

캠벨 모건(G. Campbell Morgan, 1863-1945)은 한 세대 전에 살았던 훌륭한 설교자였다. 그가 남긴 많은 저작이 지금도 출간되고 있다. 그는 성경이 하나님의 본성에 관해 세 가지 분명한 진술을 한다고 주장했다. 하나님은 빛이고, 하나님은 사랑이며, 하나님은 소멸하는 불이다.[22] 소멸하는 불이신 하나님은 천국뿐 아니라 지옥에도 계신다. 어쨌든, 하나님은 계시지 않은 곳이 없다. 모건은 이렇게 추측했다. "지옥과 천국의 대기는 하나이며, 그 대기는 내가 누구이냐에 따라 불타는 듯한 심한 고통이거나 빛나고 아름다운 영광이다."[23] 그의 핵심은 흥미롭다. 영화롭게 된 자들이 베드로후서 1장 4절이 말하듯이 하나님의 본성(divine nature, 개역개정은 "신성한 성품"*)에 참여한다면, 이들은 상상도 못할 그 어떤 의미에서 하나님처럼 불일 것이다. 그러나 똑같은 불이 악인들에게는 무시무시한 것이다. 악인들은 하나님의 본성에 참여하지 않기 때문이다. 따라서 불이신 하나님의 존재가 악인들에게는 지옥 같다.

그러나 성경은 성경과 비교해야 한다. 성경이 성경을 해석한다는 것이 복음주의 해석학의 기본이다. 그러므로 이 흥미로운 주장이 산상설교에서 예수님이 불순종하는 자들에게 "불법을 행하는 자들아 내게서 떠나가라"(마 7:23)고 하신 말씀에 어떻게 부합하는지 물어야 한다. 마찬가지로 이렇게도 물어야 한다. 모건의 주장이 바울이 데살로니가후서 1장 7-10절에서 심판날에 대해 묘사하는 바와 어떻게 부합하는가?

… 주 예수께서 자기의 능력의 천사들과 함께 하늘로부터 불꽃 가운데에 나타나실 때에 하나님을 모르는 자들과 우리 주 예수의 복음에 복종하지 않는 자들에게 형벌을 내리시리니 이런 자들은 주의 얼굴과 그의 힘의 영광을 떠나 영원한 멸망의 형벌을 받으리로다 그 날에 그가 강림하사 그의 성도들에게서 영광을 받으시고 모든 믿는 자들에게서 놀랍게 여김을 얻으시리니 이는 (우리의 증거가 너희에게 믿어졌음이라)

사도 바울에게, 심판은 하나님의 임재와 하나님의 영광에서 분리된다는 뜻이다. 영화롭게 된 성도들과 쫓겨난 자들은 같은 환경을 전혀 공유하지 않는 것 같다.

전혀 들은 적 없는 사람들은 어떻게 되는가?

흔히 하는 질문이 있다. 복음을 들은 적 없는 사람들은 어떻게 되는가? 예수 그리스도의 좋은 소식을 들을 위치에 있지 않은 사람들은 영화의 소망이 없는가? 우리는 듣고 믿는 자들이 영화롭게 되리라는 것을 성경을 통해 안다. 나로서는 그리스도께서 그분의 몸을 이루는 지체들을 잃으실 수 있다거나 하나님의 자녀들이 그분의 손에서 빠져나가게 두실 수 있다고 상상하기 어렵다(요 10:27-29).[24] 성경은 복음을 전혀 듣지 못한 사람들에 관한 질문을 다루지 않는다. 내가 생각하기에 이유는 간단하다. 이것은 추측성 질문이다. 복음을 들은 **적이 있어야** 이 질문을 할 수 있다. 예수님은 추측성 질문을 받았을 때 실존적 질문으로 바꾸셨다. 누가복음 13장 1-5절은 이렇게 말한다.

> 그 때 마침 두어 사람이 와서 빌라도가 어떤 갈릴리 사람들의 피를 그들의 제물에 섞은 일로 예수께 아뢰니 대답하여 이르시되 너희는 이 갈릴리 사람들이 이같이 해 받으므로 다른 모든 갈릴리 사람보다 죄가 더 있는 줄 아느냐 너희에게 이르노니 아니라 너희도 만일 회개하지 아니하면 다 이와 같이 망하리라 또 실로암에서 망대가 무너져 치어 죽은 열여덟 사람이 예루살렘에 거한 다른 모든 사람보다 죄가 더 있는 줄 아느냐 너희에게 이르노니 아니라 너희도 만일 회개하지 아니하면 다 이와 같이 망하리라

실제로 이것은 우리가 복음을 전하고 사도들의 바람을 따른다는 뜻이다. "우리가 그를 전파하여 각 사람을 권하고 모든 지혜로 각 사람을 가르침은 각 사람을 그리스도 안에서 완전한 자로

세우려 함이니 이를 위하여 나도 내 속에서 능력으로 역사하시는 이의 역사를 따라 힘을 다하여 수고하노라"(골 1:28-29).

주목해야 할 중요한 점이 있다. 사람이 전혀 들어본 적 없는 그리스도에게 반응하지 않았다는 이유로 심판을 받는다는 말이 성경 어디에도 없다는 것이다. 요한계시록 21-22장은 하나님 앞에서 쫓겨나는 결과를 초래하는 죄악된 행위를 구체적으로 열거한다. 요한계시록 21장 8절은 "두려워하는 자들과 믿지 아니하는 자들과 흉악한 자들과 살인자들과 음행하는 자들과 점술가들과 우상 숭배자들과 거짓말하는 모든 자들"을 말한다. 요한계시록 21장 27절은 누구든지 가증한 일이나 거짓말을 하는 자를 말한다. 요한계시록 22장 15절은 "개들과 점술가들과 음행하는 자들과 살인자들과 우상 숭배자들과 및 거짓말을 좋아하며 지어내는 자"를 열거한다.

사도 바울도 고린도 신자들에게 쓴 편지에서 구체적 행위를 열거한다. "불의한 자가 하나님의 나라를 유업으로 받지 못할 줄을 알지 못하느냐 미혹을 받지 말라 음행하는 자나 우상 숭배하는 자나 간음하는 자나 탐색하는 자나 남색하는 자나 도적이나 탐욕을 부리는 자나 술 취하는 자나 모욕하는 자나 속여 빼앗는 자들은 하나님의 나라를 유업으로 받지 못하리라"(고전 6:9-10). 놀랍게도 고린도 교회에 온갖 문제가 있었는데도 복음이 이 교회에 뿌리를 내렸고, 그래서 바울은 뒤이어 대비되는 말을 한다. "너희

중에 이와 같은 자들이 있더니 주 예수 그리스도의 이름과 우리 하나님의 성령 안에서 씻음과 거룩함과 의롭다 하심을 받았느니라"(고전 6:11).

들은 적 있는 사람들에게 불신앙은 큰 문제로 다가온다. 불신앙과 함께 불순종이 오기 때문이다. 아담과 하와의 실패는 낙원을 주신 하나님의 선하심을 신뢰하지 못한 것이었다(창 3:1-7). 이들의 불신앙은 선악을 알게 하는 나무의 열매를 먹으면 반드시 죽을 것이므로 먹지 말라는 하나님의 말씀을 신뢰하지 못하는 형태로 나타났다(창 2:16-17). D. B. 녹스(Knox)는 첫 상황을 정확히 요약한다. "아담이 직면했던 문제는 '하나님은 신뢰할 수 있는 분인가?'였다."[25] 우리의 첫 부모는 이 큰 훼방꾼 사탄의 유혹을 받아 하나님의 선하심을 의심했다.[26] 하나님의 말씀을 믿지 못함은 영원히 치명적이다. 요한계시록 20장은 이것을 둘째 사망이라 밀한다(계 20:14).

결론

영화롭게 된 자들은 그리스도와 연합한 자들이다. 이들은 새 예루살렘에서 산다. 이들은 이름이 어린양의 생명책에 기록되어 있기에 생명나무에 나아갈 수 있다. 이들은 받아들여진다.

그러나 또 다른 무리가 있다. 용서받지 못한 행위 때문에 하나님 앞에서 쫓겨난 자들이다. 불못이 이들의 운명이다. 생각만 해도 섬뜩하다. 영화롭게 된 자들과 쫓겨난 자들 양쪽 다 몸을 입는다. 이들이 입을 몸의 종류를 추측하는 것은 추측일 뿐이다. 분명한 것은 이 우주가 참으로 도덕적이며, 거기 사는 피조물(우리와 천사들)은 책임을 지게 되리라는 것이다.

나오며

그리스도인 시인 로버트 브라우닝(Robert Browning)이 썼듯이, "가장 좋은 것은 아직 오지 않았다."[1] 하나님에게는 프로젝트가 있다. 하나님은 손상된 그분의 형상들을 회복시켜 그리스도를 닮아 가게 하신다. 아담이 잃어버린 왕의 소명을 새 아담이신 그리스도께서 회복하신다. 그리스도께서 구원하신 사람들은 그분과 함께하는 공동 상속자요 공동 통치자로서 영화로운 존재가 되어 신분이 높아질 것이다. 도래할 우리의 영화에는 존재론적·인식론적·소닝석 측변이 있다.

그러면 우리는 정말 이렇게 될 것처럼 살고 있는가? 아니면 영적으로 쇠약해져서 쪼그라든 종말론적 지평을 가지고 살고 있는가? 천국은 최종 단계가 아니라 그 바로 앞 단계다. 새 하늘과 새 땅이 최종 단계다.

몇 해 전, 구약학자 프랜시스 앤더슨(Francis Anderson)과 대화를 나누었다. 그 무렵 그는 은퇴해 외래 교수로 가르치고 있었다. 나는 그가 병을 앓고 있다는 것을 알았기에 그에게 물었다. "교수님, 요즘 좀 어떠세요?" 그는 이렇게 답했다. "선한 부활이 해결 못할 문제는 없지요." 부활은 프랭크 교수가 고대하는 것들 중 하나였다. 영화가 그 절정이다. 앤서니 티슬턴은 왜 이러한 기대가 절정인지 설명한다. "모든 그리스도인을 기다리는 '영광'은 정확히, 무엇보다도 하나님의 임재다."[2]

영화는 아담의 모든 후손에게 해당하는 운명이 아닐 것이다. 영화는 그리스도의 성령으로 그리스도와 연합되어 구속받은 자들을 위한 것이다. 영화 과정은 이생에서 시작된다. 다시 말해 영화는 그리스도 안에 있는 자들을 위한 것이다. 도래할 세상에서 신자의 영화롭게 된 몸은 부활하신 그리스도의 몸과 같을 것이다. 이 기대와 관련해 아주 많은 부분을 상상할 수는 없다. 이생에서 이것은 보는 것의 문제가 아니라 믿음의 문제다. 사도 바울이 우리에게 가르쳤듯이, 이생에서 겉사람은 낡아지나 속사람은 날로 새로워진다. 여전히 아담 안에 있는 자들에게는 도래할 영광이 없다. 지옥은 실재다. 몸을 입은 상태는 어떤 형태로든 신자와 불신자에게 똑같이 계속된다. 그러나 이렇게 몸을 입은 모습이 정확히 어떠할지는 추측의 문제다. 추측은 그리스도인의 사고에서 자신의 자리가 있지만, 추측 위에 교리를 세워서는 안 된다. 설령 그 추측이 C. S. 루이스 같은 유명한 사람에게서 나왔더라도 말이다.

교리적 관점에서 보면, 영화는 중요한 여러 교리가 서로 맞물려 있는 주제다. 영화로워지는 것은 몸을 입은 우리의 인성이므로, 영화는 신학의 인간론을 포함한다. 그리스도의 영화가 우리 영화의 본보기이므로, 영화는 기독론을 포함한다. 성령이 변화의 주체이므로, 영화는 성령론을 포함한다. 아버지는 우리 영화의 설계자이고 아들은 우리 영화의 모범이며 성령은 변화를 일으키고 완성하시는 분이므로, 영화는 삼위일체를 포함한다. 우리의 영화는 복음이 주는 큰 유익이므로, 영화는 구원론을 포함한다. 영화는 종말론을 포함하며, 개인적·집단적·우주적 측면이 있다. 영화 교리는 특히 개개인에게 집중되지만, 그렇더라도 영화의 집단적·우주적 측면을 놓쳐서는 안 된다. 영화롭게 된 자들은 새로운 우주를 다른 사람들과 함께 누린다. 새 하늘과 새 땅은 영화롭게 된 존재들(복수)의 무대다.

가장 중요하게는, 우리가 소망하는 영화는 우리가 그분의 영광스러운 임재 안에 있길 원하시는 선하고 전능한 하나님의 약속에 달려 있다. 오직 영화롭게 된 피조물만이 이러한 하나님의 공동체(divine company)에 어울린다.

더 읽어 볼 자료

Gomes, Alan W. *40 Questions about Heaven and Hell*. Grand Rapids, MI: Kregel Academic, 2018. 이 유용한 시리즈에서 가장 유익한 책이다. 19, 20장이 특히 우리의 주제와 연결된다.

Jacob, Haley Goranson. *Conformed to the Image of His Son: Reconsidering Paul's Theology of Glory in Romans*. Downers Grove, IL: IVP Academic, 2018. 헬라어나 히브리어를 모르는 사람은 읽기가 쉽지 않지만 중요한 저서다.

Moore, Russell D. "Personal and Cosmic Eschatology." In *A Theology for the Church*, edited by Daniel L. Akin, 671-722. Rev. ed. Nashville: B&H, 2014. 아주 유익한 조직신학 단권에 실린 뛰어난 논문이다.

Morgan, Christopher W., and Robert A. Peterson, eds. *The Glory of God*. Wheaton, IL: Crossway, 2010. 뛰어난 여러 학자가 하나님의 영광을 다룬 탁월한 저작이다.

Morgan, Christopher W., and Robert A. Peterson, eds. *Heaven*. Wheaton, IL: Crossway, 2014. 『하늘』, 강대훈 옮김(부흥과개혁사, 2018). 훌륭한 학자들이 하나님의 영광이란 주제를 다룬 또 하나의 탁월한 저작이다. 특히 11장이 우리의 주제와 연결된다.

Ramm, Bernard. *Them He Glorified: A Systematic Study of the Doctrine of Glorification*. Grand Rapids, MI: Eerdmans, 1963. 이 교리에 대한 복음주의의 선구적인 탐구서다. 짧지만 가치가 있다.

Smith, Ian K. *Not Home Yet: How the Renewal of the Earth Fits into God's Plan for the World*. Wheaton, IL: Crossway, 2019. 그리스도인의 소망에 관해 매우 유익하게, 전체적으로 접근한다.

Thiselton, Anthony C. *Life after Death: A New Approach to the Last Things*. Grand Rapids, MI: Eerdmans, 2012. 저명한 철학자이자 신학자가 쓴 깊이 있는 책이다.

주

들어가며

1) Bertrand Russell, "A Free Man's Worship," *The Independent Review* 1 (Dec. 1903): 416, Bertrand Russell Society (website), http://www.users.drew.edu/~jlenz/brs.html, 2019년 6월 6일 접속.

2) Anthony C. Thiselton은 신약성경 저자들이 "마지막 것들"에 관해 가졌던 가장 큰 관심사는 개인의 관점에서 본 "네 가지 마지막 것들"이 아니라 "**하나님의 큰 마지막 행위들**, 곧 그리스도의 영화로운 재림, 죽은 자의 부활, 최후의 심판"이라는 귀중한 고찰을 제시한다. *Life after Death: A New Approach to the Last Things* (Grand Rapids, MI: Eerdmans, 2012), xii, 강조는 원문 그대로다. 하지만 그는 개인의 미래가 "긴급한 관심사"(pressing concern)라는 점도 지적한다(xii).

3) 죽음 이후의 삶에 관한 신약과 구약의 가르침뿐 아니라 신구약 중간기 문학의 가르침까지 자세히 다룬 훌륭한 책을 원한다면 다음을 보라. Paul R. Williamson, *Death and the Afterlife: Biblical Perspectives on Ultimate Questions* (Downers Grove, IL: IVP Academic, 2018). 『죽음과 내세 성경신학』, 김귀탁 옮김(부흥과개혁사, 2020).

4) 복음주의 조직신학 책에서, 성경은 하나님의 규범적 말씀으로서 영화 개념의 근원일 뿐 아니라 영화에 관한 주장들을 검증하는 도구이기도 하다. 따라서 이 책에서 나는 성경 구절에 많이 호소할 것이다. 이 책은 증거에 기초한 방법을 따르며, 성경이 그 증거를 제시한다.

5) Michael Horton은 이렇게 썼다. "이 미래의 소망을 **영화**(glorification)라고 정의한다." 강조는 원문 그대로다. *The Christian Faith: A Systematic Theology*

for Pilgrims on the Way (Grand Rapids, MI: Zondervan, 2011), 688.

6) Bernard Ramm, *Them He Glorified: A Systematic Study of the Doctrine of Glorification* (Grand Rapids, MI: Eerdmans, 1963), 5.

7) E. L. Mascall, *The Christian Universe* (London: Darton, Longman and Todd, 1966), 57.

8) C. S. Lewis, *Screwtape Proposes a Toast and Other Pieces* (London and Glasgow: Fontana, 1969), 109, 강조는 원문 그대로다. 『영광의 무게』, 홍종락 옮김(홍성사, 2008).

1 우리의 영화로운 하나님

1) ESV와 NIV 둘 다 "주의 영광을 투영하다"(reflect[ing] the glory of the Lord)라고 난외주를 달았으나, NLT는 본문에서 '본다'는 개념과 '투영한다'는 개념 둘 다 담았다: "So all of us who have had that veil removed can see and reflect the glory of the Lord. And the Lord—who is the Spirit—makes us more and more like him as we are changed into his glorious image"(그러므로 그 수건을 벗은 우리 모두는 주의 영광을 보고 또 투영할 수 있다. 그리고 주-그는 영이다-는 우리가 그의 영화로운 형상으로 변화될 때 우리로 그를 점점 더 닮게 하신다). 번역 문제에 관한 간략한 논의에 관해서는 다음을 보라. Thomas A. Smail, *Reflected Glory: The Spirit in Christ and*

Christians (London: Hodder and Stoughton, 1975), 25.

2) L. C. Allen, "Glory," in *The Lexham Bible Dictionary*, ed. John D. Barry et al. (Bellingham, WA: Lexham, 2016), Logos Bible Software.

3) Richard B. Gaffin Jr., "Glory," in *New Dictionary of Biblical Theology*, ed. T. Desmond Alexander and Brian S. Rosner (Downers Grove, IL: InterVarsity Press, 2000), 507-511.

4) G. B. Caird는 이렇게 주장한다. "이유가 무엇이든 그들은[LXX 번역자들은] **카보드**가 사용된 거의 모든 곳에서 이 단어를 **독사**로 옮겼다." *The Language and Imagery of the Bible* (London: Duckworth, 1980), 77.

5) Haley Goranson Jacob, *Conformed to the Image of His Son: Reconsidering Paul's Theology of Glory in Romans* (Downers Grove, IL: IVP Academic, 2018), 42.

6) 다음을 보라. Anthony C. Thiselton, *Life after Death: A New Approach to the Last Things* (Grand Rapids, MI: Eerdmans, 2012), 192. Thiselton에 따르면, "신구약 중간기에, 랍비들과 유대교는 하나님의 영광을 쉐키나(Shekinah)라고 말했으나 쉐키나는 성경 용어가 아니다"(192). **쉐키나는** '거처'(dwelling) 또는 '정착'(settling)을 뜻하는 히브리어 단어의 음역이다. 이러한 용례에서, 하나님의 영광은 공간에 거하거나 어떤 것에(예를 들어, 성막이나 성전에) 정착하는 것으로 이해된다.

7) Caird, *Language and Imagery*, 78.

8) Richard Bauckham, *Gospel of Glory: Major Themes in Johannine Theology* (Grand Rapids, MI: Baker Academic, 2015), 44. 『요한복음 새롭게 보기』, 문우일 옮김(새물결플러스, 2016).

9) J. I. Packer, *The Plan of God*, https://www.the-highway.com/, 2019년 6월 28일 접속.

10) Christopher W. Morgan, "Toward a Theology of the Glory of God," in *The Glory of God*, ed. Christopher W. Morgan and Robert A. Peterson (Wheaton, IL: Crossway, 2010), 155. Morgan은 구속사에서 하나님의 영광을 증언하는 핵심 구절과 핵심적 시기를 아주 훌륭하게 탐구한다.

11) T. Longman III, *Psalms: An Introduction and Commentary*, Tyndale Old

Testament Commentaries (Nottingham: Inter-Varsity Press, 2014), 188. 『시편 I · II: 틴데일 구약주석 시리즈 15-16』, 임요한 옮김(CLC, 2017).

12) 성경 저자들은 자연 세계를 눈에 보이는 것들을 토대로 묘사했다. 오늘날에도 우리는 그렇지 않다는 것을 천문학을 통해 알면서도 해가 뜨고 진다고 말한다. 성경의 접근법을 가리키는 철학 용어는 '현상학적'(phenomenological)이다.

13) Elmer Martens의 말이며 다음에서 재인용했다. Bruce K. Waltke, James M. Houston, and Erika Moore, *The Psalms as Christian Worship: A Historical Commentary* (Grand Rapids, MI: Eerdmans, 2010), 269.

14) John I. Durham, *Exodus*, Word Biblical Commentary (Dallas: Word, 1987), 210. 『출애굽기: WBC 성경주석 3』, 손석태, 채천석 옮김(솔로몬, 2000).

15) Douglas K. Stuart, *Exodus*, The New American Commentary (Nashville: Broadman & Holman, 2006), 364. Stuart는 이렇게 주장한다. "미리암은 출 15:21에서 출 15:1을 인용하는데, 이것은 미리암이 이스라엘 여인들에게 모세의 노래 가운데 21절에 인용된 첫 부분만을 가르친 것이 아니라 **전체**를 가르쳤다고 말하는 한 방식일 뿐이다"(강조는 원문 그대로다).

16) 다음을 보라. R. A. Cole, *Exodus: An Introduction and Commentary*, Tyndale Old Testament Commentaries (Downers Grove, IL: InterVarsity Press, 1973), 195.

17) Graham A. Cole, "Exodus 34, the Middoth and the Doctrine of God: The Importance of Biblical Theology to Evangelical Systematic Theology," *Southern Baptist Journal of Theology* 12, no. 3 (2008): 27.

18) Bauckham, *Gospel of Glory*, 50. 『요한복음 새롭게 보기』(새물결플러스).

19) Cole, *Exodus*, 248-449.

20) 흥미롭게도 성경에는 책임의 나이(an age of accountability)가 있는 것 같다. 광야의 "아이들"이 약속의 땅에 들어갈 것이다(참조. 신 1:39; 욘 4:11).

21) Gordon I. Wenham, *Numbers: An Introduction and Commentary*, Tyndale Old Testament Commentaries (Downers Grove, IL: InterVarsity Press, 1981), 138.

22) 신현(theophany)은 하나님의 출현이다(헬라어 *theos*는 '하나님'을 뜻하고 *phainein*은 '나타나다'는 뜻이다). 천사 현현(angelophany)은 천사의 출현이다

(헬라어 *angelos*는 '천사'를 뜻하고 *phainein*은 '나타나다'는 뜻이다).

23) Colin G. Kruse, *John: An Introduction and Commentary*, Tyndale New Testament Commentaries (Downers Grove, IL: InterVarsity Press, 2003), 271, 강조는 원문 그대로다. 『요한복음: 틴데일 신약주석 시리즈 4』, 배용덕 옮김(CLC, 2013). Bauckham도 *Gospel of Glory*, 53에서 비슷한 주장을 한다.

24) Caird, *The Language and Imagery of the Bible*, 76.

25) Lamar Eugene Cooper, *Ezekiel: An Exegetical and Theological Exposition of Holy Scripture*, The New American Commentary (Nashville: Broadman & Holman, 1994), 72.

26) Cooper, *Ezekiel*, 119–120.

27) Leslie C. Allen, *Ezekiel 1-19*, Word Biblical Commentary (Dallas: Word, 1994), 142. 『에스겔 1-19, WBC 성경주석 28』, 김경열 옮김(솔로몬, 2009).

28) Allen, *Ezekiel 1-19*, 169.

29) Bauckham, *Gospel of Glory*, 51.

30) Vaughan Roberts, God's *Big Picture: Tracing the Storyline of the Bible* (Downers Grove, IL: InterVarsity Press, 2002), 118. 『성경의 큰 그림』, 전의우 옮김(성서유니온, 2020).

31) 신론과 관련해 출애굽기 34장이 갖는 의미를 좀 더 알고 싶다면 다음을 보라. Cole, "Exodus 34, the Middoth and the Doctrine of God," 24–36.

32) 드러나는 하나님의 통치를 말하는 본문을 찾는다면 눅 11:20을 보고(축귀), 들어갈 수 있는 영역을 말하는 본문을 찾는다면 마 5:20을 보라.

33) 마가복음의 예수 변모 기사는 "엿새"라고 특별히 구체적으로 말하는데, 내가 보기에 이것은 변모 사건과 예수님의 약속, 곧 제자들 가운데 몇몇은 살아생전에 하나님의 나라를 보리라는 약속이 연결된다는 점을 강조하는 것이다. 이것은 모세가 시내산에서 보낸 엿새(출 24장)와도 연결될 수 있을 것이며, 이로써 예수님을 더 큰 계시를 받은 더 큰 모세로 묘사하는 것일 수 있다.

34) Russell D. Moore, "Personal and Cosmic Eschatology," in *A Theology for the Church*, ed. Daniel L. Akin, rev. ed. (Nashville: B&H, 2014), 711;

a splendid volume.

35) Morgan, "Toward a Theology of the Glory of God," 154.

36) Bruce Milne, *Know the Truth: A Handbook of Christian Belief* (Downers Grove, IL: InterVarsity Press, 2009), 85, 강조는 원문 그대로다. 『기독교 교리 핸드북』, 안종희 옮김(IVP, 2024). Milne은 공유적 속성과 비공유적 속성을 구분하지만, 이러한 구분을 적용해 속성들을 설명하지는 않는다.

37) Bernard Ramm, *Them He Glorified: A Systematic Study of the Doctrine of Glorification* (Grand Rapids, MI: Eerdmans, 1963), 18.

38) Herman Bavinck, *Reformed Dogmatics: Abridged in One Volume*, ed. John Bolt (Grand Rapids, MI: Baker Academic, 2011), 215. 『개혁파 교의학』, 김찬영, 장호준 옮김(새물결플러스, 2015).

39) Morgan, *The Glory of God*, 157.

40) Ramm, *Them He Glorified*, 21.

41) Morgan, "Toward a Theology of the Glory of God," 157.

2 영화로운 하나님의 프로젝트

1) Lawrence M. Krauss, "A Universe without Purpose," *Los Angeles Times*, April 1, 2012, https://www.latimes.com/. Krauss는 이렇게도 주장한다. "목적과 설계의 환상은 과학이 매일 마주해야 하는 환상, 곧 자연에 관해 가장 널리 퍼진 환상일 것이다. 어디를 보더라도 세상은 우리가 번성할 수 있도록 설계된 것 같다." 이 얼마나 큰 인정이며, 이 얼마나 이상한 주장인가! 이 현상에 대한 가장 단순한 설명은 자연이 설계되었고 목적이 있다는 것이다.

2) John Calvin, *Institutes of the Christian Religion*, ed. John T. McNeill, trans. Ford Lewis Battles (Philadelphia: Westminster, 1960), 1.6.1.

3) J. I. Packer, *The Plan of God*, https://www.the-highway.com/, 2019년 3월 28일 접속.

4) 로마 세계에서 십자가형이 실제로 어떻게 집행되었는지에 관해서는 다음을 보라. Martin Hengel, *Crucifixion* (Philadelphia: Fortress, 1977). 『십자가 처

형』, 이영욱 옮김(감은사, 2020).

5) George E. Ladd, "The Saving Acts of God," in *Basics of the Faith: An Evangelical Introduction to Christian Doctrine*, ed. Carl F. H. Henry (Bellingham, WA: Lexham, 2019), 27.

6) Leland Ryken, *A Complete Handbook of Literary Forms in the Bible* (Wheaton, IL: Crossway, 2014), 46.

7) Ryken, *Literary Forms in the Bible*, 46-47.

8) 다음에서 재인용했다. Andrei A. Orlov, "Vested with Adam's Glory: Moses as the Luminous Counterpart of Adam in the Dead Sea Scrolls and in the Macarian Homilies," https://www.marquette.edu/, 2019년 12월 4일 접속.

9) Robert H. Mounce, *Romans*, The New American Commentary (Nashville: Broadman & Holman, 1995), 115.

10) *Midrash Rabbah*, trans. H. Freedman (London: Soncino, 1939), https://archive.org/, 2019년 6월 27일 접속.

11) 바울의 아들 개념은 남자와 여자 양쪽 모두 포함한다(참조. 갈 3:27-29; 4:4-7).

12) Oscar Cullmann, *Christ and Time: The Primitive Christian Conception of Time and History*, trans. Floyd F. Filson (Philadelphia: Westminster, 1964), 84. 『그리스도와 시간』, 김근수 옮김(나단, 1987).

13) John R. W. Stott, *The Message of Galatians: Only One Way*, The Bible Speaks Today (Downers Grove, IL: InterVarsity Press, 1986), 107. 『BST 갈라디아서 강해』, 정옥배 옮김(IVP, 2020).

14) 나는 바울이 빌 2:6에서 아담을 염두에 두었으며 예수님(겸손)과 아담(교만)을 대비시키고 있다는 주장에 동의하지 않는다.

15) 예수님이 인간과 천사의 경배(예배) 대상이라는 것은 신약성경 저자들이 저기독론(low Christology)을 갖지 않았다는 강력한 증거다. 이들이 예수님을 단지 인간으로 보는 저기독론을 가졌다면, 예수님을 경배하는 것은 다름 아닌 우상 숭배였을 것이며 계 5:6-14 같은 단락은 이해가 되지 않을 것이다. 다음을 보라. Richard Bauckham, *The Theology of the Book of Revelation*

(Cambridge, UK: Cambridge University Press, 2016), 58-63. 고기독론 (high Christology)에 관해서는 Stephen J. Wellum, *God the Son Incarnate: The Doctrine of Christ* (Wheaton, IL: Crossway, 2016)와 Wellum, *The Person of Christ: An Introduction* (Wheaton, IL: Crossway, 2020)을 보라.

16) Christopher W. Morgan, "The Church and God's Glory," in *The Community of Jesus: A Theology of the Church*, ed. Kendall H. Easley and Christopher W. Morgan (Nashville: B&H, 2013), 215.

17) Westminster Shorter Catechism, Q. 1, Westminster Shorter Catechism Project, http://www.shorter catechism.com/, 2019년 3월 28일 접속.

18) John Piper, *Desiring God: Meditations of a Christian Hedonist* (Portland, OR: Multnomah, 1986), 14, 19, 강조는 원문 그대로다. 『하나님을 기뻐하라』, 박대영 옮김(생명의말씀사, 1998).

19) Packer, *Plan of God*.

20) Packer, *Plan of God*.

21) William Perkins는 1592년 *A Golden Chain or the Description of Salvation* 이란 제목의 책을 냈다. 나는 긴 제목을 축약했다. 라틴어에서 번역된 전체 제목은 다음과 같다. *A golden Chaine, or The Description of Theologie, containing the order of the causes of Salvation and Damnation, according to Gods word*(황금 사슬, 또는 신학의 서술: 하나님의 말씀에 따른 구원과 정죄의 원인들의 순서에 관하여).

22) 예를 들어, 다음을 보라. William G. McDonald, "The Biblical Doctrine of Election," in *A Case for Arminianism: The Grace of God, The Will of Man*, ed. Clark H. Pinnock (Grand Rapids, MI: Zondervan, 1989), 226.

23) 나 자신은 하나님의 미리 결정하심이 하나님의 미리 아심을 형성한다고 생각한다. 그러나 나는 반대로 생각하는 동료들을 존중한다. 아르미니위스의 입장에 대한 나의 어려움은 다면적이다. 첫째, 나는 인간의 자유에 대한 그 어떤 설명도 하나님에게서 시작해야 한다고 보는데, 성경 자체가 하나님에게서 시작하기 때문이다(창 1:1). 내 말은 인간의 자유에 대한 그 어떤 설명이라도 하나님의 주권과 연결되어야 하며-어쨌든, 창 1장에서 하나님은 자신의 말씀으로 다스리는 크신 왕으로서 우리 앞에 나타나신다-인간의 자유에서 시작해서 어떻게 하나님의 주

권이 인간의 자유에 맞는지 물어서는 안 된다는 뜻이다. 더 구체적으로, 하나님이 집단이 아니라 개개인을 선택하신다고 분명하게 말하는 것으로 보이는 성경 본문들이 있다(예를 들어, 행 13:48). 마지막으로, 전적 타락의 현실 때문에 하나님의 택하심이 필수다. 아르미니위스주의 교리는 보편적 선행 은혜(universal prevenient grace)를 내세워 전적 타락을 상쇄함으로써 타락한 모든 사람을 복음에 자유롭게 반응할 수 있는 위치에 둔다. 그러나 성경의 증거는 하나님이 죄인들을 향해 주권적으로 행동하시지 않으면 죄인들이 복음에 반응할 수 없음을 보여 준다. 예수님의 소유는 그분의 양이며, 바로 이들, 곧 택함받은 자들이 그분의 음성을 듣는다(요 10:14-16, 25-30). 이 뜨거운 주제에 관한 더 자세한 논의는 이 시리즈의 하나로 출간될 Andrew Naselli의 선택과 유기에 관한 책을 보라(이 책은 *Predestination: An Introduction*이라는 제목으로 출간되었다*).

24) Bruce Demarest, *The Cross and Salvation: The Doctrine of Salvation* (Wheaton, IL: Crossway, 1997), 129. 『십자가와 구원』, 이용중 옮김(부흥과개혁사, 2006).

25) Demarest, *The Cross and Salvation*, 135.

26) Christopher W. Morgan, "Toward a Theology of the Glory of God," in *The Glory of God*, ed. Christopher W. Morgan and Robert A. Peterson (Wheaton, IL: Crossway, 2010), 170.

27) Morna D. Hooker, "Colossians," in *Eerdmans Commentary on the Bible*, ed. James D. G. Dunn and John W. Rogerson (Grand Rapids, MI: Eerdmans, 2003), 1407.

28) Haley Goranson Jacob, *Conformed to the Image of His Son: Reconsidering Paul's Theology of Glory in Romans* (Downers Grove, IL: IVP Academic, 2018), 121.

29) Jacob, *Conformed to the Image*, 237.

30) Jacob, *Conformed to the Image*, 233.

31) Jacob, *Conformed to the Image*, 237. 사람들은 자신이 단언하는 부분에서는 맞고 자신이 부정하는 부분에서는 틀리다는 말이 있다. 제이컵은 영화의 소명적 측면을 잘 설명한다. 그러나 영화의 소명적 측면이 구원론적 측면을 배제하는가? 둘 다여야 하지 않는가? 영화롭게 된 존재만이 그녀가 주장하는 그리스도를 닮은 통치를 수행할 수 있다는 주장이 가능하겠다.

3 영광에 이르는 길

1) Karl Marx, "A Contribution to the Critique of Hegel's Philosophy of Right" 서문. Marxist Internet Archive, https://www.marxists.org/, 2019년 11월 8일 접속.

2) Marx, 서문.

3) 바울은 성부에 대해 "하나님"이라는 설명어를 일관되게 사용한다(예를 들어, 고전 12:4-7; 엡 1:3).

4) 삼위일체의 하나 됨과 각 위격의 차이에 관한 깊은 논의는 이 시리즈에 포함된 Scott R. Swain의 *The Trinity: An Introduction* (Wheaton, IL: Crossway, 2020)을 보라.

5) Richard Bauckham, *Gospel of Glory: Major Themes in Johannine Theology* (Grand Rapids, MI: Baker Academic, 2015), 59-60.

6) 성육신에서 아들의 낮아짐을 강조하는 이론들을 가리켜 케노시스 이론이라 하는데, 케노시스는 바울이 빌 2:7에서 사용한 헬라어 동사 **에케노센**('그가 비웠다')에서 왔다. 가장 극단적인 케노시스 이론은 Thomas J. J. Altizer의 이론인데, 그는 아들이 십자가에서 죽을 때 하나님이길 포기했고 인간일 뿐이었다고 주장했다. 그러므로 하나님이 더 이상 하나님이 아니다. 기괴한 주장이다! 다음을 보라. "Interview with Thomas J. J. Altizer," by Lissa McCullough, *Journal for Cultural and Religious Theory* 12, no. 3 (2013): 169-185, https://jcrt.org/, 2020년 5월 7일 접속.

7) Murray J. Harris, *The Second Epistle to the Corinthians: A Commentary on the Greek Text*, The New International Greek Testament Commentary (Grand Rapids, MI: Eerdmans; Milton Keynes, UK: Paternoster, 2005), 580.

8) Mark A. Seifrid, *The Second Letter to the Corinthians*, The Pillar New Testament Commentary (Grand Rapids, MI: Eerdmans; Cambridge, UK: Apollos, 2014), 330.

9) Peter H. Davids, *The Epistle of James: A Commentary on the Greek Text*, The New International Greek Testament Commentary (Grand Rapids, MI: Eerdmans, 1982), 107. 『NIGTC 야고보서』, 오광만 옮김(새물결플러스, 2019).

10) J. A. Motyer, *The Message of James: The Tests of Faith*, The Bible Speaks Today (Leicester: Inter-Varsity Press, 1985), 82-86. 『BST 야고보서 강해』, 정옥배 옮김(IVP, 2023).

11) Gerald L. Borchert, *John 12-21*, The New American Commentary (Nashville: Broadman & Holman, 2002), 207.

12) "Nicene Creed," Britannica (website), https://www.britannica.com/, 2019년 10월 14일 접속.

13) Craig L. Blomberg, *Matthew: An Exegetical and Theological Exposition of Holy Scripture*, The New American Commentary (Nashville: Broadman & Holman, 1992), 376.

14) Wayne A. Grudem, *1 Peter: An Introduction and Commentary*, Tyndale New Testament Commentaries (Downers Grove, IL: InterVarsity Press, 1988), 186-187, 강조는 원문 그대로다. 『베드로전서: 틴데일 신약주석 시리즈 17』, 왕인성 옮김(CLC, 2014).

15) 참조. Thomas A. Smail, *Reflected Glory: The Spirit in Christ and Christians* (London: Hodder and Stoughton, 1975), 27-28; Colin G. Kruse, *2 Corinthians: An Introduction and Commentary*, Tyndale New Testament Commentaries (Downers Grove, IL: InterVarsity Press, 1987), 101-102. 『고린도후서: 틴데일 신약주석 시리즈 8』, 왕인성 옮김(CLC, 2013); Seifrid, *Second Letter to the Corinthians*, 186.

16) Smail, *Reflected Glory*, 25-26.

17) Smail, *Reflected Glory*, 26.

18) 아우구스티누스는 삼위일체 신학의 이 원리를 이렇게 표현한다. "외부를 향한 삼위일체의 모든 사역은 나뉠 수 없다"(*Omnia opera trinitatis ad extra indivisa sunt*).

19) Becket Cook, *A Change of Affection: A Gay Man's Incredible Story of Redemption* (Nashville: Thomas Nelson, 2019), 148.

20) 폴리아나주의(Pollyannaism)란 역경을 마주하는 비현실적 낙관론이다.

21) Douglas J. Moo, *The Letters to the Colossians and to Philemon*, The Pillar New Testament Commentary (Grand Rapids, MI: Eerdmans,

2008), 246.

22) Smail, *Reflected Glory*, 28.

23) David E. Garland, *2 Corinthians*, The New American Commentary (Nashville: Broadman and Holman, 1999), 201-202. 『CSC 고린도후서』, 김명일 옮김(깃드는숲, 2023).

24) Paul Barnett, *The Message of 2 Corinthians: Power in Weakness*, The Bible Speaks Today (Leicester: Inter-Varsity Press, 1988), 75. 『BST 고린도후서 강해』, 정옥배 옮김(IVP, 2022).

25) Alister McGrath, *A Cloud of Witnesses: Ten Great Christian Thinkers* (Leicester: Inter-Varsity Press, 1990), 62-65. 『하나님을 사랑한 사상가 10인』, 신재구 옮김(IVP, 2021).

26) 성경에서 가장 극명하게 대비되는 것은 믿음과 이성이 아니라 믿음과 봄(sight)이다(고후 5:7). 사실, 하나님은 자신과 변론하자며(reason) 자신의 백성을 초대하신다: "오라 우리가 서로 변론하자"(사 1:18). 예수님은 일반적 형태의 논리적 논증을 사용하셨다. 예를 들어, 복음서에 아 포르티오리(*a fortiori*) 논법도 있고(마 7:11) 귀류법(*reductio ad absurdum*)도 있다(예를 들어, 막 3:23-27).

27) Hendrikus Berkhof, *Christian Faith: An Introduction to the Study of the Faith* (Grand Rapids, MI: Eerdmans, 1979), 325.

28) Berkhof의 주장대로라면, 마 28:18-20과 보혜사에 관한 가르침이 담긴 예수님의 다락방 강화(요 14-16장) 같은 훌륭한 삼위일체 본문들도 무의미해질 것이다.

29) Barnett, *Message of 2 Corinthians*, 73.

4 영화, 그 기대

1) Anthony C. Thiselton, *Life after Death: A New Approach to the Last Things* (Grand Rapids, MI: Eerdmans, 2012), xiii, 강조는 원문 그대로다.

2) 요한복음의 표현 방식에서 보듯이, 예수님이 십자가에서 역설적으로 영화롭게 되셨다("영광을 받으셨도다")는 것은 주목할 만하다(요 13:31). 그러므로 Bernard Ramm의 말이 맞다. "십자가의 영화에 부활의 영화가 뒤따른다." *Them He*

Glorified: A Systematic Study of the Doctrine of Glorification (Grand Rapids, MI: Eerdmans, 1963), 45.

3) 예수님 당시에 십자가형을 어떻게 이해했는지에 관해서는 다음을 보라. Fleming Rutledge, *The Crucifixion: Understanding the Death of Jesus Christ* (Grand Rapids, MI: Eerdmans, 2015). 『예수와 십자가 처형』, 노동래, 송일, 오광만 옮김(새물결플러스, 2021).

4) Richard Bauckham, *Gospel of Glory: Major Themes in Johannine Theology* (Grand Rapids, MI: Baker Academic, 2015), 63. 『요한복음 새롭게 보기』(새물결플러스).

5) Bauckham, *Gospel of Glory*, 72.

6) Bauckham, *Gospel of Glory*, 73-74.

7) Ramm, *Them He Glorified*, 44.

8) 어린양의 혼인잔치가 갖는 종말론적 측면을 고려할 때, 예수님이 제자들과 함께 먹고 마셨다는 것은 흥미롭다(참조. 막 14:25; 계 19:9). Donald G. Bloesch는 오는 세상에 관해 흥미로운 주장을 한다. "우리는 음식과 음료의 목적이 단순히 생존을 위한 것뿐 아니라 교제를 위한 것이라는 데 주목해야 한다." *Essentials of Evangelical Theology*, vol. 2, *Life, Ministry, and Hope* (New York: Harper & Row, 1979), 229. 막 14:25과 관련해, 얼마나 많은 부분이 그림 언어이고 얼마나 많은 부분이 문자 그대로인지는 흥미로운 문제지만, 이것은 이 책의 범위를 벗어난다.

9) Thomas Aquinas, *Summa theologiae*, III, Q. 54, Art. 4, New Advent (website), http://www.newadvent.org/, 2019년 11월 11일 접속. 같은 곳에서 토마스는 그가 인용한 아우구스티누스가 그랬듯이, 도래할 나라에서 순교자들의 흉터가 그들의 전리품이 되리라고도 했다. 예수님이 부활 후 승천 전에 제자들과 먹고 마셨다는 것은 도래할 잔치를 예시하는가?

10) 마 22:30에서 예수님은 부활이 없다는 사두개인들과 논쟁할 때 우리가 부활하면 하늘의 천사들과 같을 것이라고 하셨다. 이 문맥에서 예수님은 장가들고 시집가는 것을 말씀하고 계셨다. 우리의 존재론을 말씀하고 계셨던 것이 아니다. 우리는 천사들처럼 영이 되지는 않을 것이다(히 1:14).

11) 다음 책의 논의를 보라. Anthony C. Thiselton, *The First Epistle to the Corinthians: A Commentary on the Greek Text*, The New International

Greek Testament Commentary (Grand Rapids, MI: Eerdmans, 2000), 1252-1253. 『NIGTC 고린도전서』 상·하, 신지철 옮김(새물결플러스, 2022).

12) 어떤 학자들은 몸을 벗은 존재를 생각한다는 것은 1세기 유대인들에게 불가능했다고 주장한다. 그러나 고후 12:2-3은 바울이 몸은 없지만 의식이 있는 존재를 생각할 수 있었던 1세기 유대인이었음을 보여 준다: "그가 몸 안에 있었는지 몸 밖에 있었는지 나는 모르거니와."

13) Murray J. Harris, *From Grave to Glory: Resurrection in the New Testament; Including a Response to Norman L. Geisler* (Grand Rapids, MI: 1990), 206. 1980년대에 Harris의 부활관을 두고 많은 논쟁이 있었다. Geisler는 이 문제를 제기하며 Harris가 이단이라고 했다. 결국 Harris가 이겼고, 관련 교단(Evangelical Free Church of America)과 그 신학교(Trinity Evangelical Divinity School)는 Harris가 이단이 아니라 정통의 범위에 속하는 견해를 가졌다고 판결했다. 문제는 부활 자체가 아니었다. Harris와 Geisler 둘 다 부활을 분명하게 단언했다. 문제는 부활체의 성격이었다. 다음을 보라. Scot McKnight, "The Nature of Bodily Resurrection: A Debatable Issue," *Journal of the Evangelical Theological Society* 33, no. 3 (1990): 379-382.

14) Michael Horton, *The Christian Faith: A Systematic Theology for Pilgrims on the Way* (Grand Rapids, MI: Zondervan, 2011), 912-913.

15) Russell D. Moore, "Personal and Cosmic Eschatology," in *A Theology for the Church*, ed. Daniel L. Akin, rev. ed. (Nashville: B&H, 2014), 710. 엄격히 말해 Moore는 두 부활을 말하지만, 실제로 요한계시록은 천년왕국 끝에 일어나는 하나의 부활을 말하며, 이 부활은 첫째 부활로 표현된다(계 20:5-6). 그는 살아나는 영혼이 몸을 입는다고 생각한다(계 20:4). 무천년주의자는 그의 생각에 동의하지 않고 요한계시록 20장을 읽으면서 그리스도의 통치를 교회를 통한 영적 실재로 이해하며 첫째 부활을 신자들의 거듭남으로 이해할 것이다. 어느 쪽이든 몸의 부활을 단언한다. 종말에 관한 견해들도 다르지 않다: 고전적 세대주의, 점진적 세대주의, 후천년설.

16) David E. Garland, *2 Corinthians*, The New American Commentary (Nashville: Broadman & Holman, 1999), 260. 『CSC 고린도후서』(깃드는 숲).

17) Murray J. Harris, *The Second Epistle to the Corinthians: A Commentary on the Greek Text*, The New International Greek Testament Commentary (Grand Rapids, MI: Eerdmans; Milton Keynes, UK: Paternoster, 2005), 378. Harris는 우리가 언제 부활체를 받는가에 관한 이러한 수정주의 견해를 반박하는 주장을 네 가지 더 제시한다.

18) "왕/여왕"(king/queen)이란 표현은 조금 어색하지만, 다스리라는 명령이 남자와 여자 양쪽 모두에게 주어지는 성경 본문(창 1:26-28)의 취지를 파악하려는 나의 시도다.

19) 이 표현("work"와 "keep")은 오경 뒷부분에서 레위 제사장들에게 사용된다.

20) 계 22:3-5은 분명 남자에게만 국한되지 않는다.

21) Haley Goranson Jacob, *Conformed to the Image of His Son: Reconsidering Paul's Theology of Glory in Romans* (Downers Grove, IL: IVP Academic, 2018), 259.

22) Jacob, *Conformed to the Image*, 264.

23) Herman Bavinck, *Reformed Dogmatics: Abridged into One Volume*, ed. John Bolt (Grand Rapids, MI: Baker Academic, 2011), 776. 번역자 표기가 없다.『개혁파 교의학』(새물결플러스).

24) Bavinck, *Reformed Dogmatics: Abridged*, 776.

25) Bavinck, *Reformed Dogmatics: Abridged*, 776.

26) Bavinck, *Reformed Dogmatics: Abridged*, 776.

27) 예를 들어, John Stott, *Issues Facing Christians Today*, 4th ed. (Grand Rapids, MI: Zondervan, 2006), 82.『현대 사회 문제와 그리스도인의 책임』, 정옥배 옮김(IVP, 2011).

28) Aristotle, *Poetics*, trans. S. H. Butcher (Mineola, NY: Dover, 1997), 14.

29) 다음에서 재인용했다. Scott M. Manetsch, *Calvin's Company of Pastors: Pastoral Care and the Emerging Reformed Church, 1536-1609* (Oxford, UK: Oxford University Press, 2012), 297. 이 자료에 주목하게 해 준 Dr. Manetsch에게 깊이 감사한다.

30) In Manetsch, *Calvin's Company of Pastors*, 297-298.

31) Moore, "Personal and Cosmic Eschatology," 711.

32) 다음을 보라. Oren R. Martin, *Bound for the Promised Land: The Land of Promise in God's Redemptive Plan*, New Studies in Biblical Theology (Nottingham, UK: Apollos; Downers Grove, IL: IVP Academic, 2015), 56-58; 153-157. 『약속의 땅 성경신학』, 전광규 옮김(부흥과 개혁사, 2021).

33) Ramm, *Them He Glorified*, 116.

34) 창 1-2장과 계 21-22장에 나오는 통치와 제사장 모티프를 조명한 내용은 다음을 보라. William J. Dumbrell, *The End of the Beginning: Revelation 21-22 and the Old Testament* (Eugene, OR: Wipf & Stock, 2001), 175-179.

35) Bavinck, *Reformed Dogmatics: Abridged*, 775.

36) Moore, "Personal and Cosmic Eschatology," 711.

37) Paul R. Williamson, *Death and the Afterlife: Biblical Perspectives on Ultimate Questions* (Downers Grove, IL: IVP Academic, 2018), 189.

38) Michael Wilcock, *The Message of Revelation: I Saw Heaven Opened*, The Bible Speaks Today (Downers Grove, IL: InterVarsity Press, 1986), 209. 『BST 요한계시록 강해』, 정옥배 옮김(IVP, 2008).

39) Craig G. Bartholomew and Michael W. Goheen, *The Drama of Scripture: Finding Our Place in the Biblical Story* (Grand Rapids, MI: Baker Academic, 2004), 213. 『성경은 드라마다』, 김명희 옮김(IVP, 2009). 이것이 분명히 Abraham Kuyper의 견해이기도 하다(Bartholomew and Goheen, *Drama of Scripture*, 232n12을 보라).

40) Wilcock, *The Message of Revelation*, 211. 반대 견해는 다음을 보라. Gregory K. Beale, *The Book of Revelation: A Commentary on the Greek Text*, The New International Greek Testament Commentary (Grand Rapids, MI: Eerdmans; Carlisle, UK: Paternoster, 1999), 1096. 『NIGTC 요한계시록』 상·하, 오광만 옮김(새물결플러스, 2016): "따라서 '영광과 존귀'는 문자적 부가 아니라 만국이 하나님께 온 마음을 다해 절대적으로 복종하는 모습으로서의 부를 가리킨다." 요한계시록 21장의 아주 많은 부분이 하나님의 도성의 광휘, 곧 "신부가 남편을 위하여 단장한 것"(2절)을 말하며, 그래서 내게는 Beale보다 Bartholomew와 Goheen의 견해가 더 설득력이 있다.

41) Kendell H. Easley, *Revelation*, Holman New Testament Commentary (Nashville: Broadman & Holman, 1998), 339.

42) John Murray, "The Advent of Christ," in *The Claims of Truth*, vol. 1 of *Collected Writings of John Murray* (Edinburgh, UK: Banner of Truth, 1976), 94.

43) Ramm, *Them He Glorified*, 110.

44) E. L. Mascall, *Grace and Glory* (New York: Morehouse-Barlow, 1961), 43.

45) Gordon D. Fee, *God's Empowering Presence: The Holy Spirit in the Letters of Paul* (Peabody, MA: Hendrickson, 2005), 99. 『성령: 하나님의 능력 주시는 임재』상·하, 박규태 옮김(새물결플러스, 2013).

46) Basil the Great, *De Spiritu sancto*, 16:40, New Advent (website), http://www.newadvent.org/, 2019년 10월 29일 접속. 다음 논의도 보라. Michael A. G. Haykin, "Defending the Holy Spirit's Deity: Basil of Caesarea, Gregory of Nyssa, and the Pneumatomachian Controversy of the 4th Century," *Southern Baptist Journal of Theology* 7, no. 3 (2003), https://equip.sbts.edu/, 2019년 10월 30일 접속.

47) Plotinus, *Enneads*의 말이며, 다음에서 재인용했다. John E. Lynch, *The Theory of Knowledge of Vital Du Four* (St. Bonaventure, NY: Franciscan Institute, 1972), 151.

5 누가 영화롭게 되겠는가? 누가 쫓겨나겠는가?

1) Donald G. Bloesch, *Essentials of Evangelical Theology*, vol. 2, *Life, Ministry, and Hope* (New York: Harper & Row, 1979), 211.

2) N. T. Wright, *Surprised by Hope: Rethinking Heaven, the Resurrection, and the Mission of the Church* (New York: Harper-Collins, 2008), 136. 『마침내 드러난 하나님 나라』, 양혜원 옮김(IVP, 2009).

3) 다음을 보라. Christian Irigaray, "Soma Sema: The Body as a Prison for the Soul," Academia, https://www.academia.edu/, 2019년 12월 13일

접속.

4) Question 24 of *To Be a Christian: An Anglican Catechism* (Wheaton, IL: Crossway, 2020), 32.

5) 다음에서 재인용했다. J. Stevenson, ed., *A New Eusebius: Documents Illustrative of the History of the Church to A.D. 337* (London: SPCK, 1970), 40, 강조는 원문 그대로다.

6) Stevenson, *A New Eusebius*, 41n59.

7) Douglas K. Stuart, *Exodus*, The New American Commentary (Nashville: Broadman & Holman, 2006), 685.

8) Leland Ryken et al., *Dictionary of Biblical Imagery* (Downers Grove, IL: InterVarsity Press, 2000), 114.

9) David Penchansky, "Retribution," in *The New Interpreter's Dictionary of the Bible*, ed. Katharine Doob Sakenfeld, 5 vols. (Nashville: Abingdon, 2000), 4:781.

10) Penchansky, "Retribution," 781.

11) Thomas F. Torrance, *Space, Time and Resurrection* (Grand Rapids, MI: Eerdmans, 1976), 142. Torrance는 이레니우스를 이러한 견해를 견지하는 교부의 본보기로 인용한다.

12) John Calvin, *Institutes of the Christian Religion*, ed. John T. McNeill, trans. Ford Lewis Battles (Philadelphia: Westminster, 1960), 3.1.1.

13) 가톨릭 교리에 따르면, 우리와 그리스도의 연합은 세례 성사에서 시작되고, 견진 성사로 강화되며, 성체 성사(성찬)에서 양육된다. 이러한 성례들을 통해 우리는 하나님의 본성에 참여한다. 다음을 보라. Peter J. Kreeft, *Catholic Christianity: A Complete Catechism of Catholic Beliefs Based on the Catechism of the Catholic Church* (San Francisco: Ignatius, 2001), 302. 칼뱅은 당시 가톨릭교회와 논쟁하면서, 전통이 아니라 성경을 근거로 올바르고 설득력 있게 논증했다. 하나의 해석학적 원칙은 이렇게 묻는 것이겠다. 신약성경이 우리가 X나 Y나 Z를 예상하게 하는가? 신약성경은 그리스도와의 연합에서 우리가 성령의 적극적 역할을 기대하게 하며(예를 들어, 고전 12:12-13을 보라), 가톨릭이 가르치는 일곱 성례의 복잡한 장치를 기대하게 하지는 않는다.

14) 여기서 "멸망"(destruction)은 무엇보다도 유다의 미래를 가리키는 듯하다. 다음을 보라. D. A. Carson, *The Gospel according to John* (Leicester: Inter-Varsity Press; Grand Rapids, MI: Eerdmans, 1991), 563. 『PNTC 요한복음』, 박문재 옮김(솔로몬, 2017).

15) 새 예루살렘의 열두 성문 위와 열두 기초석 위에 "이스라엘 자손 열두 지파의 이름들"이 새겨져 있다는 사실은 하나님의 도성에 거주하는 자들에 옛 언약과 새 언약을 통해 거듭난 자들이 포함됨을 암시한다(계 21:12, 14).

16) Edward Arthur Litton은 이러한 외부인들의 존재가 어린양에게 속한 자들이 "적극적 섬김, 힘든 의무-심지어 악과 싸움"에 참여하리라는 것을 말한다고 주장한다. *Introduction to Dogmatic Theology* (London: James Clarke, 1960), 605. 그러나 계 20:15이 제시하는 최종성을 고려할 때, 그의 주장이 옳다고 보기 어렵다.

17) C. S. Lewis, *The Great Divorce* (Glasgow: Collins, 1972). 『천국과 지옥의 이혼』, 김선형 옮김(홍성사, 2019).

18) 보편 구원론자들은 결국 모든 사람이 구원받으리라고 주장한다. 영혼 멸절론자는 잃은 자는 한동안 지옥을 경험한 후 더는 존재하지 않으리라고 주장한다. 이들이 의식 있는 상태로 벌을 받는 기간은 각 개인이 지은 죄의 무게에 비례할 것이다. 두 입장에 관한 비판적 논의는 다음을 보라. Paul R. Williamson, *Death and the Afterlife: Biblical Perspectives on Ultimate Questions* (Downers Grove, IL: IVP Academic, 2018), 곳곳. 『죽음과 내세 성경신학』(부흥과개혁사).

19) Wright, *Surprised by Hope*, 183. 『마침내 드러난 하나님 나라』(IVP).

20) Wright, *Surprised by Hope*, 182, 강조는 원문 그대로다.

21) 신약학자 D. A. Carson은 나와 나눈 대화에서, 부자가 자신의 고통이 공의롭다고 생각한다는 암시를 전혀 주지 않는다고 했다.

22) G. Campbell Morgan, *The Westminster Pulpit*, vol. 1, The Preaching of G. Campbell Morgan (Eugene, OR: Wipf and Stock, 2012), 62.

23) Morgan, *Westminster Pulpit*, 68.

24) 나는 하나님의 자녀들의 영원한 안전(eternal security, 영원한 구원)을 믿는다. 성경을 믿는 모든 학자가 여기에 동의하지는 않을 것이다. 아르미니위스주의

는 구원을 잃을 수 있다고 본다. 그러나 내가 보기에 이것은 영화로운 구원을 유예(probation)로 바꾼다.

25) D. B. Knox, *Justification by Faith* (London: Church Book Room, 1959), 9.

26) 하나님의 말씀을 신뢰하지 못함에 관해 더 자세한 것은 다음을 보라. Graham A. Cole, *God the Peacemaker: How Atonement Brings Shalom* (Downers Grove, IL: InterVarsity Press, 2009), 58–60.

나오며

1) Robert Browning, "Rabbi Ben Ezra," Poetry Foundation, https://www.poetryfoundation.org/, 2020년 5월 8일 접속.

2) Anthony C. Thiselton, *Life after Death: A New Approach to the Last Things* (Grand Rapids, MI: Eerdmans, 2012), 185.

사명선언문

너희가 흠이 없고 순전하여……세상에서 그들 가운데 빛들로
나타내며 생명의 말씀을 밝혀 _ 빌 2:15-16

1. 생명을 담겠습니다
만드는 책에 주님 주신 생명을 담겠습니다.
그 책으로 복음을 선포하겠습니다.

2. 말씀을 밝히겠습니다
생명의 근본은 말씀입니다.
말씀을 밝혀 성도와 교회의 성장을 돕겠습니다.

3. 빛이 되겠습니다
시대와 영혼의 어두움을 밝혀 주님 앞으로 이끄는
빛이 되는 책을 만들겠습니다.

4. 순전히 행하겠습니다
책을 만들고 전하는 일과 경영하는 일에 부끄러움이 없는
정직함으로 행하겠습니다.

5. 끝까지 전파하겠습니다
모든 사람에게, 땅 끝까지, 주님 오시는 그날까지
복음을 전하는 사명을 다하겠습니다.

서점 안내

광화문점 서울시 종로구 새문안로 69 구세군회관 1층
  02)737-2288 / 02)737-4623(F)

강남점 서울시 서초구 신반포로 177 반포쇼핑타운 3동 2층
  02)595-1211 / 02)595-3549(F)

구로점 서울시 동작구 시흥대로 602, 3층 302호
  02)858-8744 / 02)838-0653(F)

노원점 서울시 노원구 동일로 1366 삼봉빌딩 지하 1층
  02)938-7979 / 02)3391-6169(F)

일산점 경기도 고양시 일산서구 중앙로 1391 레이크타운 지하 1층
  031)916-8787 / 031)916-8788(F)

의정부점 경기도 의정부시 청사로47번길 12 성산타워 3층
  031)845-0600 / 031)852-6930(F)

인터넷서점 www.lifebook.co.kr